GLYX
Schnelle Rezepte

GLYX
Schnelle Rezepte

AUTORINNEN: MARION GRILLPARZER | MARTINA KITTLER
FOTOS: STUDIO L'EVEQUE TANJA & HARRY BISCHOF

INHALT

GLYXen heißt genießen!

Einfach Deckel abziehen. Es dampft. Das Nudelsüppchen erwärmt sich von selbst. Wunderbar. Das wünscht sich der Mensch – und nimmt halt die Chemie in Kauf, die notwendig ist, um »Schnelligkeit« ins Essen zu transformieren.

Nur diese Chemie macht dann leider ganz, ganz langsam. Träge. Dick. Krank. Also man gewinnt mit diesen bequemen Produkten Zeit – auf Kosten von Lebenszeit und Lebensqualität. Genau das möchte ich Ihnen mit der GLYX-Philosophie schenken. Mehr Lebenszeit. Mehr Glück. Mehr Fröhlichkeit. Mehr Leichtigkeit. Was bin ich in den letzten zehn Jahren beschimpft worden: »Eine doofe Diät! Ich hab' keine Zeit, in der Küche zu schnipseln.« Und: Was bin ich gelobt worden: »GLYXen ist mehr. Ist Lifestyle. Ist Genuss. Man sagt »Ja« zu einem besseren Leben. Und man wacht auf.«

Kochen ist eine Kunst?

Natürlich wäre es mir am liebsten, Sie würden sich Ihre Tomaten, Ihre Kräuter selber ziehen. Das Korn selbst mahlen, das Brot selbst backen, das Huhn ... Das ist leider utopischer als eine Suppe, die sich selbst kocht. Auch für mich. Also nehmen wir den Mittelweg. Wir transportieren Schnelligkeit ins Essen – ohne Chemie. Mit der Kochkunst von Martina. Kochen, schnell kochen, mit wenigen Zutaten, sodass es immer noch herrlich schmeckt, ist eine Kunst. Und die beherrscht Martina. Aber glauben Sie es nicht nur, probieren Sie es einfach aus – genießen Sie und leben Sie gesund.

Gesund lebt, wer ...

... so viel Natur wie möglich auf dem Teller hat. Das ist auch die Basis der GLYX-Diät. Eine herrliche Basis, sie heißt zum Beispiel: Feta mit Oliven und Tomaten, Limettenjoghurt, Nussmus, Soja-Quark-Brötchen, Kichererbsensalat, Gemüse-Kräuter-Frittata, Doradenfilets mit Artischocken, Hähnchenbrust mit Lauch ... Also mir läuft schon beim Lesen der Rezepte von Martina das Wasser im Mund zusammen. Ich weiß, wie sie schmecken! Ich weiß, dass sie den Heißhunger verabschieden und einen mit Energie auffüllen. Weil sie alles enthalten, was der Körper braucht. Martinas Rezepte machen alle glücklich – bis auf die Fettzellen. Die rümpfen natürlich die Nase. Wir nehmen ab, während wir das Doradenfilet genießen!

Das Schlank-Geheimnis, das dahinter steckt

Kein Hunger, kein Verzicht, viel Genuss. Drei Hauptmahlzeiten und ein Snack, falls Hunger aufkommt, versorgen einen mit allem, was der Körper braucht. Viel Eiweiß, lebenswichtige Fette und Mikronährstoffe stoppen den Heißhunger, halten lange satt, locken Schlankhormone, stärken den ganzen Körper – und sie erhöhen die Thermogenese. Das heißt: Kalorien verpuffen als Wärme über die Haut. Die richtigen Kohlenhydrate mit niedrigem GLYX locken wenig vom Heißhunger- und Fettspeicherhormon Insulin.

Übrigens: Die GLYX-Diät ist eine Diät, die auch der Doktor verschreibt. Sie baut Entzündungen im Körper ab (wirkt antiinflammatorisch), senkt Blutzucker und Blutfette. Sie verhindert Diabetes, schützt das Herz, beugt Krebs vor. Und im GLYX-Forum kann man nachlesen, wie viele Kinderwünsche plötzlich in Erfüllung gehen!

Essen Sie täglich einen großen GLYX-Salat vor dem Essen.

Also: GLYX macht Spaß, GLYX schmeckt – und GLYX kann man leben. Probieren Sie die einfach leckeren Rezepte immer wieder aus.

Kleine Wissenskunde

Was sind eigentlich Kohlenhydrate? Zucker- oder Stärkemoleküle aus Gemüse, Obst, Honig, Brot, Nudeln, Kartoffeln, Knödel, Müsli, Schokoriegel, Kuchen, Softdrinks und Bier. Auch in Milch und Fleisch stecken kleine Mengen.
Kohlenhydrate werden im Mund, im Darm und in der Leber von Enzymen zu Traubenzucker gespalten und wandern ins Blut. Steigt der Blutzucker nur ganz gemütlich an, produziert die Bauchspeicheldrüse wenig Insulin, steigt der Blutzucker schnell an, lockt das ganz viel Insulin ins Blut. Abnehmer wissen: Solange Insulin im Blut schwimmt, kann der Körper kein Fett abbauen.
Was ist GLYX? GLYX ist die Abkürzung für den glykämischen Index, also so etwas wie eine moderne Kalorie. Er zeigt an, wie viel Insulin die Bauchspeicheldrüse produziert, wenn wir etwas essen. Ein niedriger GLYX hält schlank: Gemüse, Vollkornprodukte, saures Obst, Hülsenfrüchte, Fleisch, Fisch, Geflügel, Eier, ... Lebensmittel, die möglichst naturbelassen auf dem Teller liegen. Ein hoher GLYX lockt viel Insulin, macht dick: Süßes, Softdrinks, Bier, Weißbrot, Nudeln, Kartoffeln, Reis, Kuchen, Kekse. Eine Tabelle mit über 800 Lebensmitteln finden Sie im GLYX-Kompass.
Faser-Medizin: Vollkorn, Obst und Gemüse enthalten unverdauliche Kohlenhydrate. Wertvolle Ballaststoffe, die schlank halten und vor Krebs schützen. Nur 10 g Ballaststoffe täglich mehr senken das Herzinfarktrisiko um 19 Prozent.
Die Nudel wird zu Fett: Alles, was zu viel an Kohlenhydraten ankommt, wandelt die Leber in Fett um – das wandert auf die Hüfte.
Die Masken des Zuckers: Auf dem Etikett von Fertigprodukten steht dann Saccharose, Maltose, Glucosesirup, Hexose, Instantzucker, Invertzucker, Kandisfarin, Maissirup, Maltodextrin, Malzzucker, Melasse, Raffinade, Rübenzucker, Sirup, Sorbit, Stärkesirup, Stärkezucker, Xylit, Zuckeralkohole, Zuckercouleur, Maisstärke, Stärke, ...

Was macht wirklich schlank?

GLYX-Leser wissen: »Diät« heißt aus dem Griechischen übersetzt Lebensweise. Man sollte sie ein Leben lang einhalten können. Und das geht nur, wenn man keine Angst vor dem Essen hat.

In den USA fürchtet der Mensch Zucker, Brot und Pasta wie der Teufel das Weihwasser. Bei uns ist das mittlerweile nicht anders. Aber heute wissen wir: Es war ein großer Fehler, Fett zu verteufeln. Das hat viele Menschen dick und krank gemacht. Nun sollten wir nicht das Gleiche mit Kohlenhydraten tun. Ein Leben ohne Pasta, ohne Eis, ohne Brot, ist kein Leben. Darum kann eine Diät ohne Kohlenhydrate auch keine Lebensweise sein, die man ein Leben lang einhält. Sprich: All das, was man abnimmt, ist nach der Diät schnell wieder drauf. Man sollte sie lieber clever genießen. Wie? Lesen Sie weiter: Hier bleibt keine Frage offen.

Kohlenhydrate stoppen die Fettverbrennung?

Stimmt. Wir können nicht gleichzeitig Fett und Kohlenhydrate verbrennen. Der Körper holt sich die Energie immer erst aus den Kohlenhydraten: aus dem Zucker, dem Brot, der Kartoffel, der Nudel, dem Saft, dem Fertigprodukt. Dass die Butter in der Fettzelle bleibt, dafür sorgt das Blutzuckerhormon Insulin. Ein biochemisches Gesetz: Insulin bremst fettabbauende Enzyme, die Lipasen. Von den Cornflakes über die Cola bis zum Betthupferl ist das oft den ganzen Tag der Fall.

Sind alle Kohlenhydrate schlecht?

Nein. Raffinierte Kohlenhydrate (alles mit Zucker, Stärke und Weißmehl) locken viel Insulin, das den Blutzucker ganz schnell sinken lässt. Dem Gehirn geht der Zucker aus, das macht Heißhunger und zwingt zum Essen. Die meisten natürlichen Kohlenhydrate (Vollkorn, Obst und Gemüse) bremsen den Hunger. Regen mit ihren Vitalstoffen die Fettverbrennung an. Achtung: Am schlimmsten sind Softdrinks. 91,4 Liter trinkt der Deutsche davon pro Jahr. 30 Kilo Zucker = 123 000 kcal = 13,7 Kilo Fett. Auf Seite 18 und 19 finden Sie leichte Getränke.

Low-Carb-Diäten helfen besser als Low-Fat-Diäten?

Richtig. Man nimmt schneller ab und auch die Blutwerte verbessern sich – aber nur, wenn die Diät stimmt. Die ideale Diät enthält viel Eiweiß, viel essenzielle Fette aus Fisch, Nüssen, Oliven, Samen und mindestens die Menge an Kohlenhydraten, die das Gehirn braucht (ca. 100 g), um zu denken, glücklich zu sein – und dazu das, was die Muskeln verbrennen (150 g in der Stunde im Fitnesszentrum). In der Regel reichen die Kohlenhydrate aus Obst, Gemüse und kleinen Beilagen-Genuss-Portionen.

Am wirkungsvollsten wäre, die Kohlenhydrate zu streichen?

Langfristig falsch. Da schaltet der Körper auf ein Notprogramm namens Ketose, damit das Gehirn Energie bekommt. Die Pfunde purzeln gut – leider nur kurzfristig. Das schraubt den Stoffwechsel insgesamt runter. Isst man ein Stück Brot, landet es auf der Hüfte, man erntet den Jo-Jo-Effekt.
Kurzfristig richtig: Man muss die insulinfreien Phasen erhöhen, also die natürlichen Fastenzeiten des Körpers. In der Praxis heißt das: Nur dreimal am Tag

essen – idealerweise GLYX-niedrig und wer will, eine Mahlzeit kohlenhydratfrei. Kohlenhydratfreie Rezepte erkennen Sie an diesem Stempel:

no carb

No carb heißt hier: Das Rezept enthält unter 5 Gramm Kohlenhydrate. Oder: Bis zu 10 Gramm Kohlenhydrate, wenn sie hauptsächlich aus Gemüse stammen – und zum Großteil unverdauliche Ballaststoffe sind.

Zucker ist der schlimmste Dickmacher?

Falsch! Die Zuckermoleküle aus Bier, Weißbrot oder Kartoffeln lassen den Blutzucker schneller ansteigen, locken mehr vom Heißhunger- und Fettspeicherhormon Insulin als Haushaltszucker – sie haben einen höheren GLYX (glykämischer Index). Je höher der GLYX (von 1 bis 100), desto dicker macht das Lebensmittel. Mehr finden Sie in »Meine GLYX-Zahlen«. In diesem Buch verzichten wir auf die GLYX-Zahlen. Sie können davon ausgehen, dass jedes Rezept GLYX-niedrig ist. Eine kleine GLYX-Tabelle finden Sie auf Seite 145.

Kartoffeln mästen uns?

Jein. Kartoffeln aus der Pfanne mit Zwiebeln, Olivenöl und Rosmarin – ein Traum. Klar, die Kartoffel besteht nur aus Zuckermolekülen. Zeit umzudenken. Liebe Kartoffel – ab jetzt bist du für mich ein Trüffel. Ich ess' dich mit doppeltem Genuss – in der halben Menge. So macht man Brot, Reis, Pasta in Gedanken zu einem Trüffel – und schon haben »wenig Kohlenhydrate« nichts mehr mit Frust zu tun.

Auch Obst lockt Insulin, stoppt die Fettverbrennung?

Richtig. Wenn es sich um zuckerreiches Obst handelt wie Bananen, Trauben, Melonen. Am besten hängt man Obst als Dessert an die Mahlzeit an. Ein saurer Apfel, eine Handvoll Beeren zwischendurch locken wenig Insulin. Ab Seite 43 finden Sie GLYX-niedrige Snacks, die den Hunger dimmen.

Kohlenhydrat-Verzicht macht dumm?

Ja. Studien zeigen: Wer auf Kohlenhydrate ganz verzichtet, der kann sich schlechter konzentrieren, erinnert sich schlechter und lernt schlechter. Das Gehirn braucht etwa 100 g Kohlenhydrate täglich.

Keine Kohlenhydrate – das macht miese Laune?

Ja. Ganz einfach, weil das Gehirn weniger vom Nervenstoff der Zufriedenheit namens Serotonin produziert. Dafür braucht es Eiweiß, genauer die Aminosäure Tryptophan. Damit die aber ins Gehirn gelangt, braucht der Körper Zucker. Also: Eiweiß plus Kohlenhydrate machen glücklich. Garnele mit Pasta, Quark mit Früchten, Milch mit Honig, Fisch mit Wildreis, ... Und wer glücklich ist, hat meist keine Probleme mit dem Gewicht.

Ohne Kohlenhydrate wird man doch gar nicht satt?

Der Bauch schon. Einfach mal die Beilage an den Rand schieben und zum Schluss essen. Nur der Kopf braucht Brot, und dem reicht ein kleines Stück. Wirklich satt macht Eiweiß. Liefert das Essen zu wenig Eiweiß, signalisiert der Körper so lange Hunger, bis seine Eiweißspeicher wieder gefüllt sind. Man isst mehr. Das nennt man Proteinhebeleffekt.

Schlankmacher Eiweiß

Die neuesten Studien zeigen: Man muss genug Eiweiß aufnehmen, um abzunehmen. Eiweiß macht satt. Eiweiß macht Muskeln. Fehlt Eiweiß, baut der Körper seine eigenen Muskeln ab. Und die Muskeln braucht man aber nun mal, um Fett zu verbrennen. Und: Eiweiß lockt Schlankhormone. Zum Beispiel das Wachstumshormon, das über Nacht das Fett aus den Zellen holt. Oder das Hormon des positiven Stresses, Noradrenalin, das Energiereserven aus den Fettzellen mobilisiert.

Man nimmt im Schlaf ab, wenn man abends auf die Beilage verzichtet?

Stimmt. Wer Kohlenhydrate weglässt und nur Geflügel, Fisch, Käse, Ei mit Gemüse isst, baut nachts mithilfe des Wachstumshormons Fett ab und Muskeln auf. Darum finden Sie in diesem Buch Rezepte, bei denen Sie die Beilage weglassen können. Sie dürfen dann auch kein Bier trinken, keine Früchte essen. Ein Glas trockener Wein ist erlaubt. Wichtig: Kohlenhydrate sollte man nicht jeden Abend weglassen, weil der Körper sich daran gewöhnt. Der Effekt abnimmt. Dreimal die Woche ist genug. Und menschlich! Einfach mit dem Frühstück abwechseln. Ansonsten essen Sie abends mit unseren Rezepten immer GLYX-niedrig. Auch damit nehmen Sie ab.

Milchprodukte liefern Zucker?

Ja. Nur: Ohne Eiweiß funktioniert keine Diät. Milchprodukte locken gerade so viel Insulin, wie der Körper verbraucht, um mit dem Milcheiweiß Muskeln aufzubauen. Also: Wer sie verträgt, muss nicht verzichten. Und diese Kohlenhydrate brauchen Sie nicht zu zählen! Sie fallen unter »no carb«!

Das Löffelchen Zucker macht nichts?

Richtig! Wie alles im Leben ist es eine Frage der Dosis. Nur wenn schnell viele Kohlenhydrate ins Blut driften, wird die Fettverbrennung gestoppt. 5 g Kohlenhydrate aber verbrennt das Gehirn pro Stunde. Also das Löffelchen Zucker oder Honig, eine Rippe Schokolade, ein kleiner Apfel liefern Genuss, der die Fettverbrennung nicht stoppt, aber die schlechte Laune.

Nicht alle Menschen reagieren gleich empfindlich auf Zucker und Stärke?

Stimmt. Es kommt darauf an, welcher Stoffwechsel-Typ man ist – Eiweiß-Typ oder Kohlenhydrat-Typ. Kohlenhydrat-Typen können viel mehr Kohlenhydrate essen, ohne dass sie davon Heißhunger bekommen oder zunehmen. Leider sind die meisten Menschen mit Übergewicht Eiweiß-Typen. Das merkt man, wenn man binnen zwei Stunden nach einem süßen Frühstück wieder Hunger hat.

Wer morgens die Kohlenhydrate weglässt, nimmt auch ab?

Ja. Ein fettreiches Frühstück, also Rühreier mit Speck, hält schlank, so die neueste Studie von Wissenschaftlern der University of Alabama in Birmingham. Mit Nutellabrot und Marmeladentoast schaltet der Körper schon morgens auf den Kohlenhydratverbrenn-Modus. Das bleibt den ganzen Tag so. Das heißt: Der Körper verbrennt kein Fett. Unsere Frühstücke sind alle GLYX-niedrig. Locken kaum Insulin. Sie können also gut damit in den Tag starten. Oder – etwas strenger – Sie starten carbfrei in den Tag – mit unseren No-Carb-Rezepten.

Der Super-Schlank-Trick wäre doch: abwechselnd kohlenhydatfrei?

Einfach clever! Also: Wer mal morgens und mal abends die Kohlenhydrate weglässt, verlängert die natürliche Fastenzeit des Körpers auf 16 Stunden. Das reicht, um entspannt abzunehmen. Und das Leben zu genießen. In der Powerwoche (s. Klappe vorne) entscheiden Sie selbst, ob Sie den Speckpölsterchen richtig was wegpowern wollen: Sie können die Kohlenhydrate morgens und abends weglassen. Oder eben abwechselnd.

Auch GLYXen bedeutet Verzicht?

Falsch. Es gibt für alles eine schlanke Alternative. Bier kann man durch Weinschorle ersetzen, Weißbrot durch Roggenschrotbrot und Kartoffeln isst man nur zwei ganz kleine. Auch Bitterschokolade lockt wenig Insulin. Man kann genauso abnehmen, wenn man Kohlenhydrate in jeder Mahlzeit genießt: GLYX-niedrig (s. Tabelle S. 145) – oder als kleine Portion oder ohne Fett. Einfach ausprobieren.

Das Ganze ist mehr als seine Teile?

Ja. Die Kombination Zucker oder Stärke mit Fett – wie Wurstbrot, Tiramisu, Pizza, Torte, Currywurst mit Pommes – schlägt fast doppelt an. Der Zucker dirigiert das Fett auf die Hüfte und sperrt es dort ein. Unsere Rezepte machen alle glücklich, nur die Fettzellen nicht!

Kalorie = Kalorie?

Falsch. Liegt Eiweiß – eine Fischkalorie – auf dem Teller, wird viel mehr Energie in Wärme überführt, als wenn Kohlenhydrate auf dem Teller liegen, also die Kartoffel-, die Brot- oder die Nudelkalorie. Wenn man Eiweiß isst, verpufft ein Teil der Kalorien als Wärme über die Haut. Auch ungesättigte Fettsäuren regen die Wärmebildung (Thermogenese) an. Darum macht die Wurstfettkalorie dicker als die Fischfettkalorie.

Süßstoff ist besser?

Falsch. Das Gehirn lässt sich nicht austricksen. Kommt süß, will es auch Zucker. Das macht über die Hormone Hunger auf mehr. Darum isst man nach einem Süßstoff-Eis immer ein zweites. Dann lieber braunen Zucker genießen. Wenn man selbst mit dem Löffel drangeht, ist das sparsam. Man hat im Auge, was man zu sich nimmt. Andere Alternativen: Ahornsirup, Honig oder Agavendicksaft locken weniger Insulin.

Fruchtzucker ist gesünder?

Falsch. Fructose lockt weniger Insulin als normaler Zucker. Aber: Auch zu viel Fructose ist nicht gesund. Sie macht eine Fettleber. Auch hier gilt: In Maßen genießen. Fruchtzucker steckt in vielen Fertigprodukten wie Joghurt, Softdrinks und Marmeladen, weil er so gesund klingt! Gut verpackt im Apfel wirkt Fruchtzucker im Körper natürlich anders.

Wer Stress hat, braucht was Süßes?

Ja. Stress greift in den Hormonhaushalt ein, erzwingt ein uraltes Überlebensprogramm: Iss Süßes, dann bist du deinem Feind überlegen. Denn die Kohlenhydrate liefern unmittelbar Energie für Flucht oder Kampf. Also: Entspannungstechnik lernen, Sport treiben und die Waage verbannen. Und für den Notfall finden Sie süße Snacks auf Seite 135.

Die Waage macht dick?

Ja. Wer ständig auf die Waage steigt, dabei frustriert denkt: »ich bin zu schwer«, stoppt den Fettabbau. Wir wissen heute aus der Gehirnforschung: Jedes negative Gefühl lockt Stresshormone, diese mobilisieren Zucker und Zucker lockt Insulin. Das bremst den Fettabbau (die Lipolyse). So macht die Waage über Stress dick.

Süß macht süchtig?

Ja. Zucker ist für uns Belohnung. Er sorgt im Gehirn für die gleichen süchtig machenden Stoffwechselvorgänge wie Drogen. Süß signalisiert: Energie. Süßes löst sogar Euphorie aus, denn es stimuliert die Produktion von unserem Glückshormon Serotonin. Darum sollte man sich fünf Minuten lang überlegen, ob man dieses Stück Schokolade jetzt wirklich braucht und in der Zwischenzeit etwas anderes tun. Ablenkung lässt den emotionalen Hunger vorbeiziehen. Der echte Hunger mangels Zucker bleibt.

Pizza, Croissant – eine Katastrophe?

Nein! Oft ist eine Schoko- oder Pizza-Arie der Grund, das Ziel »Ich will abnehmen« aufzugeben. Völlig unnötig! Sie kommt ja nicht jeden Tag vor. Alles kann man wettmachen, mit der nächsten Mahlzeit. War die Currywurst mit Pommes in der Kantine stärker als der Wille, lässt man abends einfach die Kohlenhydrate weg. In diesem Buch finden Sie viele Ich-gleich-einfach-aus-Rezepte (mit »no carb« gekennzeichnet)!

Schlankmacher Fett

Ungesättigte Fettsäuren aus Pflanzenölen, Nüssen und Fisch machen schlank. Für die Salatküche sind Olivenöl, Rapsöl und Nussöle ideal. Zum Braten verwenden Sie am besten Olivenöl als Standardöl. Auch gut: Erdnussöl, raffiniertes Rapsöl. Von Distelöl, Weizenkeimöl, Maiskeimöl, Sojaöl, Sonnenblumenöl nicht mehr als 1 EL nehmen. Sie locken im Körper schlechte Eikosanoide (Gewebshormone), die krank machen.
Achtung: Moppelfett wandert vom Teller direkt auf ihre Hüften: Meiden Sie deshalb gesättigte und gehärtete Fette aus Fertigprodukten, Billig-Margarinen, Schmalz, Palmfett und Wurst.

GLYX-Küchen-Fundgrube

Tipps und Tricks, die Tempo in die GLYX-Küche bringen – oder ganz einfach das Leben in vielerlei Hinsicht erleichtern.

1 Japanische Messer für werdende Kochprofis Stumpf? Diesen Zustand kennen die Asienmesser mit den Klingen aus Carbon- oder Damaststahl nicht. Die Klingen sind superscharf und baumringähnlich aus vielen Schichten konstruiert. Das schützt das Messer vor Bruch und Korrosion. Der ergonomische Griff aus Holz oder Edelstahl liegt perfekt in der Hand. Selbst bei regelmäßigem Gebrauch – auf weichen Schneideunterlagen! – bleiben die Messer lange scharf. Messer auf keinen Fall zum Hacken von Knochen oder Gefrorenem verwenden oder in die Spülmaschine geben. Nach jedem Gebrauch unter heißem, fließendem Wasser mit Reiniger abwaschen und mit einem Tuch trocknen. Wenn nötig, mit einem Wasserstein oder Keramikwetzstab schärfen. Japanmesser gibt es in verschiedenen Formen, Größen und Preislagen von 20,- bis über 200,- Euro. Einen Chopper nimmt man zum Hacken, Schneiden oder Plattieren von Zitronengras; ein Sashimi-Messer zum feinen Schneiden und Filetieren von Obst und Gemüse, Fleisch und Fisch. Ein Universalmesser mit breiter abgerundeter Klinge ist zum Schneiden von rohem Fisch, Fleisch und Gemüse ideal, auch zum Wiegen von Kräutern, Zwiebeln, Knoblauch.

2 Internet-Einkauf Ich lasse mir jede Woche meine »Biokiste« schicken. Mit frischem Obst und Gemüse der Saison, Käse, Joghurt, Vollkornpasta, Kräutern, Hülsenfrüchten, Tofu, ... Per E-Mail hält man mich wöchentlich über die Angebote auf dem Laufenden. Ich kann umbestellen, neu ordern, ... Wollen Sie auch? Dann geben Sie im Internet in Google ein: »Biokiste« und die nächste Großstadt – und schon finden Sie einen Anbieter in Ihrer Nähe. Nein, das kostet nicht viel mehr, als selbst einkaufen zu gehen.

3 Kinderarbeit! Wo's geht, die Kinder mit in der Küche anstellen – natürlich nur, wenn sie das auch wollen. Aber warum nicht? Welch ein Abenteuer: Möhren, Parmesan in der Rohkostmühle raspeln. Getreide durch die Flockenquetsche drehen. Salat schleudern. Vinaigrette rühren. Drinks selber mixen nach Fantasie und Angebot (ideal als Zwischenmahlzeit am Nachmittag!). Mehl in der Getreidemühle mahlen, ... Wenn die Kinder mithelfen, schmeckt es ihnen auch viel besser: »Das habe ich selbst gemacht! Lecker, gell?«

4 Fleißiger Eismann Das Grillparzersche Tiefkühlfach ist immer voll mit Beeren, Fisch, Hähnchen und Gemüse. Keine Zeit, dann mach ich mir morgens meinen gesunden Drink mit TK-Beeren. Keine Zeit, dann angle ich einen Fisch aus dem Tiefkühlfach und mach' ihn in der Pfanne mit Gemüse. Wenn jemand kränkelt, und ich habe keine Zeit, dann mach ich die Blitz-Hühnersuppe: Bauerngemüse in den Topf mit Wasser bedecken, 2 EL Gemüsebrühe rein, ein paar Hähnchenkeulen und viele Kräuter dazu.

5 Schüttelpackungen Wählen Sie bei tiefgekühltem Obst und Gemüse immer Beutel oder Kartons, in denen die Früchte der Natur »locker«, also nicht als Block, eingefroren wurden. So erschüttelt man sich nur soviel, wie man braucht. Den Rest gibt man zurück ins Tiefkühlfach.

Auch die bringen ein Plus aufs Zeitkonto: Biokiste und Zitronenreibe.

6 Quickies Keine Zeit hat jeder Mal. Nicht immer, aber oft. Darum finden Sie ab Seite 132 noch mehr Rezepte, die man ganz schnell ohne Aufwand auch als Strohwitwer, als eingeschworener Fix-&-Hopp-Fan hinbekommt. Sozusagen lauter Schnell-koch-Gerichte aus der GLYX-Küche. Sehr gesund. Die Gaumenzellen jubilieren. 70 Billionen Körperzellen jubilieren. Nur die 40 Milliarden Fettzellen nicht.

7 Zitronenschale abreiben Ideal ist eine schmale, etwa 20 cm lange Multifunktionsreibe (s. S. 16) – am besten griffbereit in die Küche hängen! Eine spezielle kleine Zitronenreibe oder Haushaltsreibe tut's aber auch. Bei feinen Reibeflächen klebt die Zitronenschale meistens hartnäckig darin fest. Mit einer kleinen Flaschenbürste können Sie die Reste einfach aus dem Reibeblatt »bürsten«.

8 Nüsse hacken Löffelgroße Mengen lassen sich zack, zack mit einem Zwiebelhacker zerkleinern. Größere Portionen gehören in eine Nuss- oder Mandelmühle oder in den elektrischen Universalzerkleinerer (s. S. 17).

9 Eisbergsalat Fix & Hopp aus der Natur: Muss nicht gewaschen werden. Den Kopf in Viertel teilen, dann in Streifen schneiden.

10 Gemüse-Anschnitte Reste von verschiedenen Gemüsesorten, die sich im Kühlschrank ansammeln, als Grundlage für eine bunte Gemüsesuppe oder einen Eintopf verwenden. Oder auskochen und eine Gemüsebrühe daraus zaubern. Beides kann man auch einfrieren!

11 Suppen-Basic Gemüsebrühe Selbst gemacht eine klare Sache. In kleinen Portionen einfrieren, damit Sie immer eine gute Grundlage für Suppen, Eintöpfe und Saucen zur Hand haben. Und so wird's gemacht: 1 Zwiebel halbieren und mit den Schnittflächen nach unten in 1 EL Rapsöl anbraten. 2 Möhren, 2 Stangen Lauch, ½ Knollensellerie und 2 Stangen Staudensellerie putzen, waschen und zerkleinern. Das Gemüse kurz mitdünsten. Mit 1,5 l kaltem Wasser aufgießen. 3 Stiele Petersilie, 1 TL schwarze Pfefferkörner, 1 Lorbeerblatt und 1 Tomate in Vierteln dazugeben. Dann aufkochen und offen bei kleiner Hitze ca. 1 Std. 30 Min. leicht kochen lassen. Die Brühe durch ein Sieb gießen, abkühlen lassen und kalt stellen oder einfrieren.

12 Pasta integrale Für GLYX-Einsteiger ein guter Kompromiss: Vollkornnudeln und helle Hartweizennudeln einer Sorte im Verhältnis 1:1 mischen und kochen. So gewöhnt sich der skeptische Gaumen ganz leicht an dunkle Spaghetti, Penne & Co.

13 Klopfprobe bei Brot Den Laib aus dem Ofen nehmen und mit den Fingern auf die Unterseite klopfen. Es ist durchgebacken, wenn es hohl klingt.

14 Kräuter auf der Fensterbank Petersilie, Schnittlauch und Basilikum gehören als Basic-Kräutertöpfe in die GLYX-Küche. Blätter von den Stielen zupfen, hacken und ans Essen geben. Extratipp: Von Kräutersträußchen die übrigen Blätter fein hacken und in Eiswürfelbehältern mit Wasser bedeckt einfrieren. Kräuterwürfel ans heiße Gericht geben.

15 5-Korn-Mischung Stellen Sie eine Dose mit einem selbst komponierten Mix von fünferlei Getreidekörnern wie Weizen, Roggen, Hafer, Gerste und Dinkel griffbereit in den Vorratsschrank. So haben Sie stets eine abwechslungsreiche Mischung zum Brotbacken oder fürs Morgenmüsli. Die Körner in der Getreidemühle frisch mahlen oder schroten und einweichen oder im Flocker quetschen.

16 Gewürze müssen frisch sein. Darum Pfefferkörner, Koriandersamen, Kreuzkümmel, Gewürznelken, Muskatnuss, Chilischoten und andere Würzsamen ungemahlen kaufen. In blickdichten Gläsern mit Schraubdeckel oder kleinen Dosen kühl und trocken aufbewahren. So behalten sie ihr Aroma zwei bis drei Jahre, gemahlene nur etwa ein Jahr. Den »Aromasafe« erst kurz vor dem Gebrauch knacken. Die Körner am besten frisch in einer Gewürz- oder Pfeffermühle mahlen oder in einem Mörser zerstoßen, reiben, zerbröseln. Übrigens: Auch Omas alte Kaffeemühle ist als Gewürzmühle unschlagbar.

17 Brotgewürz Gibt's geschrotet fertig zu kaufen. Wer Brot oft selber bäckt, macht sich seine eigene Mischung auf Vorrat: 5 EL Kümmelsamen, 2 EL Korianderkörner und je 1 EL Anis- und Fenchelsamen mischen und in einer Gewürzdose aufbewahren. Erst bei Bedarf die Körner in einem Mörser zerstoßen oder in einer Gewürzmühle mahlen.

18 Freilandbasilikum schmeckt aromatischer als das von der Fensterbank. Blätter ohne Stiele lagenweise mit wenig Meersalz und kalt gepresstem Olivenöl in Twist-off-Gläser füllen. Die Blätter sollten mindestens 1 cm hoch mit Öl bedeckt sein. Kühl und dunkel aufbewahren und bis zum nächsten Sommer aufbrauchen.

19 Orangenschalen-Honig 2 Bio-Orangen heiß waschen, abtrocknen und die Schale mit einem Zestenreißer in Spänen abziehen. Oder die Schale hauchdünn abschälen und in millimeterfeine Streifchen schneiden. Die Schale in ein Twist-off-Glas geben. Mit flüssigem Akazienhonig übergießen, bis die Orangenstreifen bedeckt sind. Verschließen und

Auch in der GLYX-Küche gibt es »Fertigprodukte«. Für Clevere Gourmets: Kräuterwürfel oder Orangenschalen-Honig.

alles 2–3 Tage ziehen lassen. Hält sich ca. 2 Wochen. Ebenso köstlich: Zitronen- oder Limettenschalen-Honig – natürlich auch von Bio-Früchten.

20 Hülsenfrüchte aus dem Eis Kochen Sie sich einen Vorrat an Hülsenfrüchten – getrockneten Kichererbsen, weißen Bohnen, Kidneybohnen, Linsen, Mungo- und Sojabohnen. Dann in kleinen Portionen einfrieren. Auftauen lassen, wenn Sie eine Suppe, einen Eintopf oder Gemüse zubereiten wollen, aber keine Zeit zum Kochen haben.

21 Spargel einfrieren? Nichts leichter als das: Den Spargel sorgfältig schälen, Endstücke abschneiden und die Stangen nebeneinander liegend auf einem Gefriertablett einfrieren. Anschließend portionsweise in Gefrierbeutel packen. Bei Bedarf die gefrorenen Spargelstangen direkt ins kochende Salzwasser geben – die Garzeit verkürzt sich durchs Einfrieren um ca. 5 Minuten.

22 Eisbeeren Haben Sie frische Beeren im Garten? Ab damit ins Tiefkühlfach. So geht's: Beeren kurz abbrausen, verlesen und auf einem Gefriertablett einfrieren. Dann in kühlbeständige Dosen oder Gefrierbeutel umfüllen und im Tiefkühlfach lagern. So lassen sich später auch kleine Mengen aus der Packung nehmen.

Wunderbare Küchenhelfer

Schnell zu kochen, ist immer auch eine Sache der Organisation. Damit es auch wirklich schnell geht, sollte man ein paar Dinge einfach delegieren – das Quetschen, Hobeln, Raspeln, Schnippeln, Mixen, ...

Flockenquetsche für Müsli-Fans

Korn in den Trichter füllen, ein paarmal kurbeln und es schneit die besten Flocken der Welt. Herrlich nussig, propevoll mit Vitalstoffen, nicht hitzebehandelt und wertvoller als Flocken aus der Tüte. Fürs Morgenmüsli oder für die GLYX-Backstube. Ob man Getreide per Muskelkraft oder Knopfdruck quetschen will, hängt von der Menge ab, die man braucht. Ein Handflocker reicht für kleine Haushalte, sitzen viele Kinder am Tisch lohnt sich der elektrische Bruder. Stahlwalzen des Elektro-Flockers quetschen Hafer, Weizen, Roggen, Reis und Dinkel und sogar Ölsaaten oder Gewürze. Auch Steinwalzen liefern Flocken aller Art. Nur: Ölhaltige Samen wie Sesam, Sonnenblumenkerne, Nüsse und Mohn verkleben beim »Plattmachen«. Gut ist, wenn Sie Getreide – ausgenommen Hafer – vor dem Quetschen kurz Einweichen. Das macht die Schale elastischer, die Körner lassen sich dann müheloser flocken. Die Flockendicke kann man bei den meisten Quetschen über den Walzenabstand regulieren – von grob bis fein (Bestelladresse s. S. 143).

Professionelle Reibe

Wie eine Holzfeile aus der Werkstatt sieht die etwa 20 cm lange Küchenreibe mit ergonomischem Griff aus. Mit den vielen kleinen Edelstahl-Rasierklingen im Reibeblatt lassen sich Hartkäse, Schokolade, Zwiebel, Knoblauch, Ingwer, Chili, Muskatnuss, Zitrusfruchtschalen ruck, zuck gleichmäßig raspeln. Wer den Unterschied zu herkömmlichen Reiben kennenlernt, will nichts anderes mehr. Wetten, dass ...?

Gemüsehobel schenkt Zeit

Gemüse gehört künftig in großen Portionen zu Ihrem Lifestyle. Da lohnt sich ein professioneller Küchenhelfer, ein Alleskönner, der einfach und präzise alle Arten von Gemüse in Scheiben, Streifen und Würfel in verschiedenen Stärken schneidet. Gibt's mit rasiermesserscharfen V-Klingen oder Schrägmessern, aus lebensmittelechtem Kunststoff oder Edelstahl von verschiedenen Firmen im Haushaltswarengeschäft. Ein Sicherheitsrestehalter, auf den das Gemüse gesteckt wird, hält die Finger auf Abstand. Die Schnittstärke lässt sich per Rädchen leicht verstellen oder mit verschiedenen Platten zum Einrasten regulieren. Zum Reinigen einfach den Hobel unter fließendem Wasser abspülen. Fertig!

Wokpfanne für Blitz-Gerichte

Schnell und gesund bereitet man Gemüse, Fleisch und Fisch in der Wokpfanne zu. Praktisch: Am Stiel einfach mit einer Hand halten, anheben und schwungvoll schwenken. Ideal, wenn die Pfanne leicht ist, zum Beispiel aus antihaftbeschichtetem Aluminium oder aus Aluguss. Dank des hohen Randes können Sie darin nach chinesischer Art pfannenrühren, ohne dass etwas über den Rand hüpft, und auch Pasta mit Gemüse oder Schmorgerichte zubereiten, braten, frittieren und dämpfen. In der halbkugeligen Pfanne haben größere Mengen Fleisch und Gemüse Platz. Ideal für den 2- bis 3-Personen-Haushalt. Wokpfannen gibt es auch mit backofengeeignetem Griff bis 180°.

Pürierstab – der kleine Zauberer

Die Doppelklinge schneidet sich blitzschnell durch rohes oder gekochtes Gemüse. Mahlt Nüsse und Käse klein. Zerkleinert gefrorene Beeren. Mixt Pesto und Pasten. Auch zum Aufmontieren von Suppen oder zum Mixen von Drinks ist der Zauberstab geeignet. Praktisch: Ein kabelloses Gerät braucht keine Steckdose und lässt sich überall in der Küche einsetzen, zum Beispiel direkt am Herd.

Universalzerkleinerer für Zeitlose

Das elektrische Kleingerät mit Füllaufsatz ist ein echtes Allroundtalent: Es hackt kleinere oder größere Mengen Nüsse und Schokolade, auch Kräuter und Gemüse von grob bis fein. Käse reiben, Rohkost raspeln, Pesto, Pasten und Dressings mixen – das schafft der starke Motor in Sekundenschnelle. Sogar Eiswürfel lassen sich mit den scharfen Messern verarbeiten.

Pfeffermühle & Salzmühle

Pfefferkörner muss man frisch mahlen! Und das gleiche gilt für grobes Salz. Mühlen gibt es in großer Auswahl aus Edelstahl, Holz oder Acryl, ausgestattet mit einem hochwertigen Keramik- oder Stahlmahlwerk. Meist lässt sich der Mahlgrad einfach mit einer Stellschraube einstellen. Viele Geräte mahlen neben Pfefferkörnern grobes Salz und alle trockenen Gewürze wie Kreuzkümmel, Kardamom, Koriandersamen, Senfkörner und Chilischoten.

Grillpfanne

Die Alternative für fettarmes Grillen, wenn es keinen Elektro-Grill im Haus gibt. Am besten aus Gusseisen und mit Grillboden mit Rillen für den typischen Grilleffekt. Entweder das Fleisch oder die Pfanne leicht einölen, dann das Bratgut bei starker Hitze braten.

Wasserkocher

Kochend heißes Wasser in Sekundenschnelle, soviel man braucht. Aus dem Kocher mit Klappdeckel und flachem Heizelement. Bei manchen Geräten kann man entscheiden, wie heiß das Wasser sein soll – 40°, 60°, 80° oder 100°.

Alles unter einem Deckel

Immer mehr Geräte übernehmen verschiedene Funktionen. Zum Beispiel hackt ein Mixer das Gemüse klein – und kocht dann gleich noch eine Suppe daraus. Mühlen quetschen Getreide zu Flocken, Brotbackautomaten kochen Reis, ...

Salatschleuder

Gut für die Vinaigrette: Die Salatschleuder trocknet Blätter mit ein paar Umdrehungen – mit der Technik eines Zugseils oder per Kurbel. Auch frische Kräuter lassen sich damit trocknen. Der Schleuderkorb ist zudem als Seiher verwendbar. In der Schüssel kann man den Salat waschen.

Getreidemühle für echtes Vollkornmehl

Schnell, leistungsstark, gemütlich schnurrend macht sie Mehl aus vollem Korn. Unabkömmlich für alle, die wissen möchten, was im Brot steckt. Feiner, flockiger, voluminöser wird das Mahlgut in der Steinmahlwerk-Mühle. Ideal mit selbst schärfendem Korund-Keramik-Mahlstein. Mahlt alle Getreide. Steinuntauglich: Ölsaaten (z. B. Sesam, Mohn). Reinigung? Unnötig, wenn man zwischendurch Getreide grob mahlt. Manche Mühlen können auch Flocken quetschen (Bestelladresse s. S. 143).

Standmixer

Sollte immer parat stehen – Früchte, gekochte Gemüse lassen sich in Windeseile mit Milch, Milchprodukten und Säften zu leckeren Drinks aufmixen.

Vinaigrette-Shaker

Essig, Gewürze, Öl in den Becher mit Deckel geben, kräftig schütteln. Er ist zum Aufbewahren der GLYX-Vinaigrette im Kühlschrank geeignet. Vor dem Servieren noch mal shaken.

Verstellbarer Dämpfeinsatz

Er passt sich jeder Topfgröße an und ist für kleine Portionen geeignet. Wer öfter dämpft, sollte sich einen Topf mit Dämpfeinsatz anschaffen.

Leichte GLYX-Getränke

Wasser ist gut. Stündlich ein Glas kurbelt die Fettverbrennung an. Am besten als Marionade mit Zitrone und einem Minzeblättchen. Und mit diesen Rezepten fließt Abwechslung durch die Kehle.

Ingwer-Apfelsaft-Schorle

Für 4 Gläser (à 300 ml) | Zubereitung: 20 Min.
Pro Glas: ca. 30 kcal, 0 g EW, 0 g F, 6 g KH

40 g frischen Ingwer schälen, in dünne Scheiben schneiden. Mit 200 ml ungesüßtem Apfelsaft aufkochen und ca. 10 Min. ziehen lassen, dann abseihen. Den Ingwer-Apfelsaft mit 1 l Mineralwasser – nach Belieben mit Kohlensäure oder still – mischen. Je 2 Eiswürfel in Gläser geben, mit Schorle auffüllen.

Holler-Spritz

Für 4 Gläser (à 300 ml) | Zubereitung: 5 Min.
Pro Glas: ca. 80 kcal, 0 g EW, 0 g F, 19 g KH

Je 2 EL hellen Holunderblütensirup (Reformhaus), 1 EL frisch gepressten Zitronensaft und 2 Eiswürfel in ein Glas geben. Jeweils mit 200 ml kohlensäurehaltigem Mineralwasser auffüllen.

Tipp **Bunte Aroma-Eiswürfel**

Verschiedene GLYX-niedrige Fruchtsäfte wie ungesüßter Orangen-, Apfel-, Maracuja-, Beeren- oder Sauerkirschsaft in die Fächer eines Eiswürfelbehälters geben und einfrieren. Auch verschiedene Teesorten, z. B. Früchte-, Grün-, Minze- oder Rooibostee kann man wunderbar einfrieren und als Farbtupfer in Mineralwasser oder in Drinks servieren.

Rhabarber-Rooibos-Eistee

Für 4 Gläser (à 300 ml) | Zubereitung: 25 Min. (plus Abkühlen)
Pro Glas: ca. 40 kcal, 1 g EW, 0 g F, 8 g KH

600 g Rhabarber putzen, in kleine Stücke schneiden und in einem Topf mit 1 l Wasser aufkochen. 3 Beutel Vanille-Rooibostee darin ca. 10 Min. ziehen lassen. Den Tee durch ein Sieb gießen, abkühlen lassen. 8 TL Agavensirup unterrühren. Gläser zu einem Drittel mit zerstoßenem Eis füllen, mit dem Tee auffüllen.

Cranbeery-Eistee

Für 4 Gläser (à 300 ml) | Zubereitung: 15 Min.
Pro Glas: ca. 40 kcal, 0 g EW, 0 g F, 8 g KH

3 Beutel Früchtetee mit 750 ml kochendem Wasser übergießen, 6–8 Min. ziehen lassen. 250 ml Cranbeery-Muttersaft (Reformhaus) und 200 ml ungesüßten Birnensaft untermischen. Je 2 Eiswürfel in Gläser geben, mit dem Tee auffüllen.

Tipp **Cool down für Getränke**

Zerstoßenes Eis kühlt heiße Tage runter. Gelingt am besten im Eis-Crusher – gibt's im Fachhandel. Einfach Eiswürfel einfüllen, Deckel drauf und mit einer Handkurbel oder elektrisch per Knopfdruck bedienen. Oder: Eiswürfel in ein Tuch wickeln und mit einem Hammer zertrümmern. Natürlich gibt es auch spezielle Gefrierbeutel für Crushed Ice: Die kleinen Kammern mit Wasser füllen und einfrieren. Nach ein paar Stunden im Tiefkühlfach die vielen Mini-Eiswürfel aus der Folie drücken.

Herrlich erfrischend:
Minze-Limetten-Schorle und Cranberry-Eistee.

Minze-Limetten-Schorle

no carb

Für 4 Gläser (à 300 ml) | Zubereitung: 15 Min.
Pro Glas: ca. 10 kcal, 0 g EW, 0 g F, 1 g KH

1 Bio-Limette waschen und in dünne Scheiben schneiden. Den Saft von 2 Limetten auspressen, die Blätter von 4 Minzestielen abzupfen. Alles mit 250 ml Wasser aufkochen, ca. 5 Min. ziehen, dann abkühlen lassen. Den Sud abseihen. Pro Glas 2 EL Minzesud mit 250 ml Mineralwasser auffüllen.

Tipp **Den Minzesud statt mit Wasser mit Grünem Tee aufgießen.**

Grüntee mit Grapefruitsaft

no carb

Für 4 Gläser (à 300 ml) | Zubereitung: 15 Min.
Pro Glas: ca. 20 kcal, 0 g EW, 0 g F, 4 g KH

3 TL Grüne Teeblätter mit 750 ml heißem, aber nicht mehr kochendem Wasser überbrühen. Den Tee 3–4 Min. ziehen lassen, dann abseihen. Den Saft 1 Rosa Grapefruit auspressen (ca. 125 ml) und unter den Tee rühren. Je 2–3 Eiswürfel und 1 TL flüssigen Akazienhonig in ein Glas geben, dann mit der Teemischung auffüllen.

900
100
800
200
700
3kg
300
600
CAPACITY 3kg
400
SENSITIVITY 10g
500
500
2
1

WILLKOMMEN IM GLYX-LAND, ...

... dem Schlaraffenland für Gerne-Esser, die mehr Leichtigkeit ins Leben bringen wollen. GLYX heißt: Das Leben genießen, das Essen genießen, den Tag pflücken. Und trotzdem abnehmen. Ganz nebenbei. Alle Rezepte haben einen niedrigen GLYX. Sie locken nur so viel Insulin, wie der Körper braucht, um gesund und fit zu sein – und das lästige Fett loszuwerden. Wer will, kann zudem morgens oder abends noch einen No-Carb-Turbo einlegen. Mehr Fett verbrennen – oder das 7-Gänge-Menü vom Vortag ausgleichen. Die Rezepte sind so gekennzeichnet no carb.

Wir wünschen guten Appetit!

GUTEN MORGEN!

Klar, Aufstehen ist die schwerste Arbeit des Tages, die schon vor dem Frühstück erledigt werden muss. Doch dann wird alles leicht. Denn ab Seite 26 tanken Sie Energie. Egal ob mit Amaranth-Müsli, Obstsalat, Krabben-Frischkäse oder Curry-Omelett. Sie werden spüren: Das fängt ja gut an! Wählen Sie die mit »no-carb« gekennzeichneten Rezepte, wenn Sie die natürliche Fastenzeit des Körpers noch ein wenig ausdehnen wollen. Und ab Seite 43 finden Sie Snacks, die den Hunger stillen, ohne die Fettverbrennung zu stoppen.

Frühstücks-Magazin

Die Wissenschaft hat festgestellt, dass ... GLYXen morgens schlank erhält.

Wer GLYX-niedrig in den Tag startet, stolpert nicht in die Insulin-Heißhungerfalle. Isst den ganzen Tag weniger. Ganz neu sind die Studien an Mäusen, die dank fettreichem Frühstück schlank durchs Leben kommen. Ihnen strich man alle Kohlenhydrate morgens – keine Früchte, kein Brot, kein Zucker, ... Sie bekamen Eier mit Speck. Der Schlanktrick dahinter: Der Körper schaltet erst dann in den Kohlenhydrat-verbrenn-Modus (s. S. 10), wenn diese auf dem Teller liegen – verbrennt länger Fett. Und, auch das stellten die Forscher fest: Die Kohlenhydrate abends schlagen dann weniger an. Also: Wer eine Zeit lang strenger an die Polster will, lässt mal morgens, mal abends Zucker, Beilagen, Früchte weg.

Welches Frühstück hätten Sie denn gerne?

Sie sind ein fröhlicher GLYXler? Der von morgens bis abends genießt und einfach bei GLYX-niedrig bleibt. Dann genießen Sie zum Frühstück, was Sie wollen – vom Obstsalat mit Sanddornquark (s. S. 30) bis zum Curry-Omelett (s. S. 40).

Was hatten Sie am Abend vorher? Pasta oder Pizza satt? Dann lassen Sie doch einfach diesen Morgen die Kohlenhydrate weg. Und erhöhen Sie so die insulinfreie Zeit, in der Ihr Körper Fett verbrennen kann. Das muss nicht fettreich sein. Nur Eiweiß ist wichtig! Das kriegen Sie mit unseren bunten Tellern auf Seite 38 oder einem köstlichen Eiergericht ab Seite 40.

Gestern Abend gab's keine Kohlenhydrate: Dann machen Sie nicht den Fehler, mit drei Nutellabroten die Fettverbrennung wieder auf Null zu schalten. Genießen Sie süß oder herzhaft, halt gesund, halt GLYX-niedrig. Wählen Sie aus unseren Rezepten, was Ihnen schmeckt.

Zeitmanagement

Sie suchen eine schlanke Alternative für das typische Marmeladenbrot? GLYX-Brot von Seite 26 backen, wenn Zeit vorhanden ist. In Scheiben schneiden. Einfrieren. Morgens im Toaster auftauen. Mit Quark und Nussmus (s. S. 29) schnell, lecker, gesund.

Wer glyxt wie?

Der Müsli-Typ nimmt morgens wenig Körner, viel Obst (GLYX-niedrig) und ein Milchprodukt. Idealerweise ist das Müsli selbst gemacht (s. S. 29), dann enthält es keine 150 Würfel Zucker wie so manches Schokomüsli aus dem Supermarkt.

Der Brot-Typ greift am besten zu Roggenschrotbrot mit Sauerteigführung. Auch Soja-Quark-Brötchen (s. S. 26) locken kaum Insulin. Ideale Auflage: unser Nussmus und das kalt gerührte Zwetschgenmus (lecker auf Quark!) – aber natürlich auch Käse, Fisch, Geflügel, Gemüse, ...

Der Früchte-Typ ist hier goldrichtig. Mit Obstsalat, Beerenjoghurt, Papaya-Grapefruit-Drink startet man unbelastet, fit und fröhlich in den Tag.

Der Frühstücksmuffel mixt sich am besten einen unserer Drinks. Wer viel Übergewicht hat und mehr Eiweiß braucht, kann wunderbar ein Eiweißpulver unterschmuggeln (Quelle s. S. 143).

Der Eier-Fan kriegt morgens eine ideale Dosis Eiweiß und will er carbfrei in den Tag starten, muss er einfach das Brot weglassen, dann kann er sogar Speck essen. Gesunde Rezepte finden sie auf Seite 40, zum Beispiel Curry-Omelett, Tomaten-Eier im Glas.

Eine Prise Zimt macht den Beeren-Sojamilch-Smoothie zum perfekten Fatburner.

Was trinken?

Sie wollen Saft? Dann wählen Sie morgens Grapefruitsaft. Der reguliert den Insulinspiegel für den ganzen Tag. Oder wählen Sie einen unserer Drinks auf Seite 32.

Kaffee oder Tee? Was Sie am liebsten genießen. Koffein liefert beides, und regt die Fettverbrennung an. Ruhig auch mit Milch, ohne Zucker. Am besten mit einer Prise Zimtpulver. Der Zimt würzt den Blutzucker runter.

Herrlicher Milchschaum

Sie lieben Kaffee mit Milch, fürchten aber, dass die Milch anschlägt? So tut sie es nicht: Milch mit einem Milchaufschäumer zur einer lockeren, luftigen und leichten Masse aufschäumen. Das viertelt die Kalorien der Milch!

Man soll Frühstücken wie ein Kaiser? So ein Schmarrn. Die waren immer dick. Dichter und Denker frühstücken leicht. Nur wer vorher ein paar Stunden auf dem Feld arbeitet, darf sich einen so richtigen Bauernschmaus gönnen.

Muss man frühstücken?

Sie mögen eigentlich nur eine Tasse Kaffee und sonst nichts zum Frühstück? Kein Problem. Hören Sie auf Ihren Körper. Nur dann nicht, wenn Sie beim Bäcker vorbeigehen. Für den späteren Hunger sollten Sie eine GLYX-Alternative in petto haben. Einen Fatburner-Drink (s. S. 32) in der Thermoskanne oder eines unserer GLYX-Frühstücke in der Box.

GLYX-Bringer

Kaffee-Gewürz-Mischung

Gewürze locken schon morgens Endorphine, also körpereigene Drogen, die gute Laune machen: Je 1 TL Kardamom, Piment, Nelken – gemahlen – und Zimtpulver mit 4 TL gemahlener Natur-Vanille (Reformhaus) und 4 Prisen frisch geriebener Muskatnuss gründlich mischen. In einer Gewürzdose aufbewahren. 2–3 Messerspitzen davon mit einer Tasse Kaffee aufbrühen oder über den Cappuccino streuen.

Beeren-Sojamilch-Smoothie

Blitzschnell Morgen-Power tanken? 250 g gemischte TK-Beeren mit 400 ml kaltem neutralem Sojadrink und 1 EL flüssigem Akazienhonig im Mixer cremig pürieren. In zwei große Gläser füllen. Mit je 1 TL Mandelblättchen bestreuen.

Morgens auf alle Fälle meiden

Zucker, Weißmehl und die Waage. Alle drei blocken die Fettverbrennung (die Lipolyse). Die Waage über die Stresshormone.

Roggen-Sauerteigbrot

AUSSEN KNUSPRIG, INNEN SAFTIG

Für 2 Brote (à ca. 800 g; à ca. 16 Scheiben)
1 kg Roggenvollkornmehl
3 TL Meersalz
1 EL Brotgewürz (Reformhaus)
1 Würfel Hefe (42 g)
1 Pck. Natur-Sauerteig (Fertigprodukt)
2 EL flüssiger Akazienhonig
Roggenmehl zum Arbeiten
Zubereitung: 20 Min.
Gehen: ca. 3 Std.
Backen: 1 Std.
Pro Scheibe: ca. 100 kcal, 4 g EW, 0 g F, 19 g KH

1 Mehl in eine große Schüssel geben, in die Mitte eine Vertiefung drücken. Salz und Brotgewürz auf den Mehlrand streuen. Hefe zerbröckeln und mit 750 ml lauwarmem Wasser, Sauerteig und Honig glatt verrühren. Die Mischung in die Mulde gießen, mit den Knethaken des Handrührgeräts verkneten. Teig auf einer bemehlten Arbeitsfläche ca. 5 Min. kneten, bis er glatt und elastisch ist. Falls er an den Händen kleben bleibt, noch etwas Mehl einarbeiten. Den Teig zugedeckt an einem warmen Ort (ca. 30°) 1 Std. 30 Min.–2 Std. gehen lassen.

2 Ein Backblech mit Backpapier auslegen. Den Teig halbieren und auf einer bemehlten Arbeitsfläche zu zwei runden Laiben formen. Diese auf das Blech legen und zugedeckt ca. 1 Std. gehen lassen.

3 Backofen auf 250° (Umluft ungeeignet!) vorheizen. Während des Backens eine Schale mit heißem Wasser in den Ofen stellen. Die Brote im Ofen (Mitte) ca. 15 Min. backen. Die Temperatur auf 200° reduzieren und die Brote in ca. 45 Min. fertig backen.

Tipp **150 g Kerne-Mix unter den Teig kneten.**

Soja-Quark-Brötchen

LOCKER UND LECKER MIT LEINSAMEN

Für 20 Stück (à ca. 50 g)
400 g Dinkelvollkornmehl
100 g Sojaschrot (Reformhaus)
1 Pck. Weinstein-Backpulver
1 TL Meersalz
250 g Magerquark
100 g geschroteter Leinsamen
1 Ei
100 ml neutraler Sojadrink
100 ml Rapsöl
Dinkelmehl zum Arbeiten
2–3 EL neutraler Sojadrink zum Bestreichen
Leinsamen zum Bestreuen
Zubereitung: 30 Min.
Backen: 30 Min.
Pro Stück: ca. 170 kcal, 8 g EW, 8 g F, 14 g KH

1 Backofen auf 180° (Umluft 160°) vorheizen. Ein Backblech mit Backpapier auslegen. Dinkelmehl mit Sojaschrot und Backpulver in einer Schüssel mischen. Mit Meersalz bestreuen. Quark, Leinsamen, Ei, Sojadrink und Öl dazugeben. Alles mit den Knethaken des Handrührgeräts zu einem glatten Teig verkneten.

2 Aus dem Teig auf einer bemehlten Arbeitsfläche eine Rolle formen und in 20 gleich große Stücke schneiden. Diese zu Brötchen formen und auf das Blech setzen. Die Oberfläche über Kreuz einschneiden, mit Sojadrink bestreichen und mit Leinsamen bestreuen. Im Ofen (Mitte) 25–30 Min. backen.

Variante Für **Kokos-Kirsch-Brötchen** den Teig mit 100 ml ungesüßter Kokosmilch (Dose) statt mit Sojadrink zubereiten. Statt Leinsamen 100 g klein gewürfelte, getrocknete Kirschen unterkneten. Die Brötchen formen, mit Kokosmilch bestreichen, mit 2 EL Kokosraspeln bestreuen und backen.

Bekömmlicher Sauerteig

Kenner backen mit Sauerteig. Lange Gehzeiten, milde Säuerung, die Vorarbeit der Mikroorganismen machen das Brot viel bekömmlicher – und der GLYX bleibt niedrig. Ideal für Zeitlose: Sauerteigbrot schmeckt auch nach einer Woche noch frisch. Wer lieber ein milderes Brot möchte, kann den Roggen zur Hälfte oder ganz durch ein anderes Getreide (z. B. Dinkel) ersetzen. Oder statt Sauerteig eben Backferment, eine fertige Granulat-Mischung aus Weizen, Wasser, Honig und Erbsenmehl, verwenden.

Glutenfreies Brot

Für 1 Brot (ca. 750 g; ca. 16 Scheiben) 1 Zwiebel würfeln, in 1 EL Olivenöl glasig dünsten. 100 g in Öl eingelegte getrocknete Tomaten abtropfen lassen, fein würfeln. 500 g glutenfreie dunkle Brotbackmischung (Reformhaus) mit 1 Päckchen Trockenhefe und 500 ml lauwarmem Wasser, Zwiebel, Tomaten, je 1 EL gehacktem Rosmarin und Thymian verkneten. Teig 45 Min. gehen lassen. Zu einem Laib formen. Auf einem mit Backpapier ausgelegten Blech im Ofen (Mitte) bei 200° (Umluft 180°) 1 Std. backen.

GLYXliches Geliermittel

Man möchte die eingekochten Früchte gerne auf dem Brot haben und nicht flüssig an den Fingern. Dafür sorgt das Geliermittel. In die GLYX-Küche passen Apfelpektin und Agar-Agar. Pektin wird bei der Apfelsaftpressung gewonnen und im Reformhaus verkauft. Es macht Marmeladen angenehm streichfähig. Man rechnet 10 g Pektin pro 1 kg Früchte. Agar-Agar aus den Zellwänden von Rotalgen dickt fester als Pektin, schmeckt weniger frucht-intensiv und ist vorwiegend als Pulver erhältlich.

Knuspriges Müsli

Für ein Knusper-Müsli 300 g Müslimischung (ohne Trockenfrüchte!) mit 100 g flüssigem Akazienhonig und 4 EL Rapsöl vermischen. Gleichmäßig auf einem mit Backpapier ausgelegten Blech verteilen. Im heißen Backofen (unten) bei 180° (Umluft 160°) in 20 Min. knusprig backen, dabei 3–4-mal mit einem Kochlöffel wenden. Müsli auskühlen lassen, dann je 50 g Backpflaumen und getrocknete Aprikosen klein würfeln und untermischen. Das Müsli nur esslöffelweise verwenden.

Aufstrich & Müsli selbst gemacht

1 Kalt gerührtes Zwetschgenmus

no carb

Für 2 Gläser (à ca. 150 ml) | Zubereitung: 10 Min.
Pro EL (15 g): ca. 20 kcal, 0 g EW, 1 g F, 2 g KH
350 g reife Zwetschgen waschen, halbieren und entsteinen (ergibt ca. 300 g). Zwetschgen mit dem Pürierstab zu einer homogenen Masse pürieren. Das Fruchtmus mit ½ TL Zimtpulver und 1 EL Akazienhonig würzen und in saubere Twist-off-Gläser füllen. Haltbarkeit: 1–2 Wochen im Kühlschrank.

Tipp **Für eine aparte Note zum Schluss noch 1–2 EL gehackte Walnüsse unter das Mus rühren. Zwetschgen durch TK-Zwetschgen oder 150 g Backpflaumen ersetzen. Die Backpflaumen mit der gleichen Menge Wasser oder Apfelsaft über Nacht einweichen.**

2 Nektarinen-Himbeer-Konfitüre

Für 8 Gläser (à ca. 175 ml) | Zubereitung: 35 Min.
Pro EL (15 g): ca. 20 kcal, 0 g EW, 0 g F, 6 g KH
600 g Nektarinen waschen, halbieren, entsteinen und in ca. 5 mm große Würfel schneiden. 500 g Himbeeren (frische oder aufgetaute TK-Früchte) verlesen, nur wenn nötig, waschen. Insgesamt 1 kg Obst in einen großen Topf geben und mit 1 gehäuften EL (ca. 10 g) Apfelpektin (Reformhaus), 350 g Akazienhonig und 4 EL frisch gepresstem Zitronensaft vermischen. Langsam aufkochen und 1–3 Min. bei schwacher Hitze kochen lassen, dann durchrühren. Die kochend heiße Masse randvoll in saubere Twist-off-Gläser füllen. Sofort verschließen und auf den Kopf stellen, bis die Marmelade erkaltet ist. Kühl und dunkel aufbewahren. Haltbarkeit: ungeöffnet bis zu 1 Jahr, geöffnet 4–8 Wochen im Kühlschrank.

Variante Auch andere süßsäuerliche Mischungen wie Rhabarber mit Erdbeeren, Birnen mit Johannisbeeren, Sauerkirschen mit Pfirsichen oder Holunderbeeren mit Apfel sind ein Hochgenuss.

3 Nussmus

no carb

Für 3 Gläser (à ca. 150 ml) | Zubereitung: 15 Min.
Pro EL (20 g): ca. 100 kcal, 2 g EW, 9 g F, 4 g KH
Je 100 g Haselnüsse und Mandeln fein mahlen. 75 g flüssigen Akazienhonig und 75 ml Rapsöl erhitzen und verrühren. Nüsse und Mandeln einrühren. Die Masse etwas abkühlen lassen, 2 EL feines Dinkelvollkornmehl und 2 EL Kakaopulver unterrühren. Das Mus in kleine Twist-off-Gläser füllen. Haltbarkeit: 3–4 Wochen im Kühlschrank.

4 Amaranth-Müsli-Mischung

Für etwa 600 g | Zubereitung: 10 Min.
Pro 4 EL (30 g): ca. 120 kcal, 5 g EW, 7 g F, 10 g KH
100 g Mandelblättchen und je 50 g grob gehackte Haselnüsse und Sonnenblumenkerne in einer Pfanne ohne Fett goldbraun rösten, dann abkühlen lassen. 50 g Amaranthpops (Reformhaus), 50 g Dinkelkleie und je 100 g Dinkelflocken und Sojaflakes in einer Schüssel mischen. Die Mandelmischung und 100 g getrocknete Cranberrys untermischen. In eine gut verschließbare Dose füllen und an einem kühlen Ort aufbewahren. Haltbarkeit 2–3 Wochen.

Tipp **Die Müslimischung mit 2–3 TL Zimtpulver abschmecken oder mit fein abgeriebener Schale von 1 Bio-Zitrone oder Bio-Orange würzen.**

Variante Für etwa 500 g glutenfreies **GLYX-Müsli** 50 g Amaranthpops (Reformhaus) und 100 g Sojaflakes mischen. Je 100 g Mandelblättchen und gehackte Cashewnusskerne und 50 g Sesamsamen in einer Pfanne ohne Fett goldbraun rösten, dann etwas abkühlen lassen. 75 g getrocknete Aprikosen und 25 g getrocknete Apfelringe klein würfeln. Alles unter das Müsli mischen.

Obstsalat mit Sanddornquark

VITAMINE FÜR MORGENMUFFEL

Für 2 Personen
1 EL Mandelblättchen
2 EL frisch gepresster Zitronensaft
2 TL flüssiger Akazienhonig
1 kleine Birne
1 kleine Orange
100 g Erdbeeren
200 g Magerquark
2 EL kohlensäurehaltiges Mineralwasser
2 EL Sanddornmark mit Honig (Reformhaus)
Zubereitung: 15 Min.
Pro Portion: ca. 230 kcal, 16 g EW, 3 g F, 33 g KH

1 Mandeln nach Belieben in einer Pfanne goldbraun rösten, dann abkühlen lassen. Inzwischen Zitronensaft mit 1 TL Honig verrühren. Birne waschen, vierteln, entkernen und die Viertel quer in ca. 1 cm breite Stücke schneiden. Die Schale mit einem scharfen Messer von der Orange schneiden, dabei die weiße Haut mit entfernen. Orange längs halbieren und in Scheiben schneiden. Die Erdbeeren waschen, putzen und halbieren. Das Obst in der Zitronensauce wenden.

2 Quark mit Mineralwasser, Sanddornmark und übrigem Honig glatt rühren. Obst anrichten, den Quark daraufgeben und mit Mandeln bestreuen.

Variante Für **Mango-Grapefruit-Salat** 1 Rosa Grapefruit samt der weißen Haut schälen und in Spalten schneiden. 200 g reife Mango schälen, das Fruchtfleisch in dünnen Scheiben vom Stein schneiden. Das Obst auf Tellern anrichten. 1 EL frisch gepressten Limettensaft mit 1 TL Akazienhonig verrühren und darüberträufeln. 200 g Joghurt mit ½ TL Ingwerpulver verrühren und dazu servieren.

Beerenjoghurt mit Honigflocken

SO FÄNGT DER TAG GUT AN

Für 2 Personen
300 g Joghurt
etwas abgeriebene Schale von 1 Bio-Zitrone
250 g gemischte Beeren (z. B. Himbeeren, Heidelbeeren, Erdbeeren, Johannisbeeren; frische oder aufgetaute TK-Beeren)
2 EL kernige Haferflocken
2 TL Sesamsamen
2 TL flüssiger Akazienhonig
Zubereitung: 10 Min.
Pro Portion: ca. 240 kcal, 8 g EW, 9 g F, 33 g KH

1 Joghurt mit Zitronenschale glatt rühren und auf zwei tiefe Teller verteilen. Beeren verlesen, eventuell waschen und abtropfen lassen. Johannisbeeren von den Rispen streifen. Erdbeeren putzen und vierteln. Die Beeren auf dem Joghurt verteilen.

2 Haferflocken und Sesamsamen in einer kleinen Pfanne ohne Fett ca. 5 Min. rösten, dann vom Herd nehmen. Den Honig dazugeben und untermischen. Die Mischung auf den Beeren verteilen.

Variante Für **Beeren-Joghurt-Kaltschale** 250 g gemischte Beeren (frische oder aufgetaute TK-Beeren) bis auf 2 EL in den Mixer geben. 300 g Joghurt und 2 TL flüssigen Akazienhonig dazugeben und fein pürieren. Mit 250 ml stillem Mineralwasser aufgießen, ¼ TL abgeriebene Schale von 1 Bio-Zitrone dazugeben und alles kurz durchmixen. 2 EL kernige Haferflocken und 1 EL gehackte Haselnüsse nach Belieben in einer Pfanne ohne Fett goldbraun rösten. Die Beerenmischung auf zwei tiefe Teller verteilen, mit den übrigen Beeren und der Flockenmischung bestreuen.

Coole Drinks

1 Erdbeer-Kokos-Shake

Für 2 Gläser | Zubereitung: 10 Min.
Pro Glas: ca. 150 kcal, 5 g EW, 4 g F, 22 g KH
200 g Erdbeeren waschen, putzen und halbieren, 2 Beeren beiseitelegen. Übrige Beeren mit 2 TL flüssigem Akazienhonig, 2 EL frisch gepresstem Zitronensaft, 1 TL Weizenkeimöl und 125 ml ungesüßter Kokosmilch (Dose) fein pürieren. 200 g kalte Buttermilch dazugießen und durchmixen. Den Shake auf zwei große Gläser verteilen, mit je 1 TL Kokoschips bestreuen. Die übrigen Erdbeeren einschneiden und an die Glasränder stecken.

Tipp **Statt Erdbeeren Himbeeren verwenden.**

2 Heidelbeer-Cooler

no carb

Für 2 Gläser | Zubereitung: 10 Min.
Pro Glas: ca. 100 kcal, 12 g EW, 1 g F, 10 g KH
150 g Heidelbeeren verlesen und 1 EL beiseitelegen. Die Beeren mit 100 ml kalter Buttermilch, 1 EL frisch gepresstem Limettensaft und 2 EL Eiweißpulver (ohne Kohlenhydrate, s. S. 143) glatt pürieren, dabei noch 100 ml kalte Buttermilch zugeben. 6 zerstoßene Eiswürfel untermischen. Übrige Beeren auf zwei kleine Holzspieße stecken und zum Drink servieren.

3 Espresso-Eiweiß-Drink

Für 2 Gläser | Zubereitung: 10 Min.
Pro Glas: ca. 190 kcal, 13 g EW, 6 g F, 20 g KH
½ Banane (ca. 75 g) schälen und in Scheiben schneiden. Mit 125 ml frisch gebrühtem Espresso, 1 EL Kakaopulver, 2 EL Eiweißpulver (ohne Kohlenhydrate, s. S. 143), 250 ml Milch und 2 TL Rohrohrzucker im Mixer oder in einer hohen Rührschüssel mit dem Pürierstab pürieren. In zwei große Gläser füllen.

4 Papaya-Grapefruit-Drink

Für 2 Gläser | Zubereitung: 15 Min.
Pro Glas: ca. 190 kcal, 5 g EW, 6 g F, 24 g KH
1 Rosa Grapefruit halbieren, eine Hälfte auspressen, die zweite Hälfte schälen und das Fruchtfleisch klein schneiden. ½ reife Papaya (ca. 200 g) entkernen und schälen, zwei Spalten abschneiden und beiseitelegen, den Rest würfeln. Mit Grapefruitstücken und -saft, ½ TL gemahlenem Ingwer, 2 TL Agavensirup, 2 EL feinen Multikornflocken, 1 TL Leinöl und 150 g kaltem Kefir pürieren. In zwei große Gläser füllen. Papayaspalten einschneiden, an den Rand stecken.

5 Basilikum-Joghurt-Drink

Für 2 Gläser | Zubereitung: 10 Min.
Pro Glas: ca. 140 kcal, 7 g EW, 8 g F, 9 g KH
Die Blätter von ½ Bund Basilikum abzupfen, abreiben und bis auf 2–4 Blätter grob hacken. Mit 300 g Joghurt und 125 ml kaltem Wasser, 2 TL frisch gepresstem Zitronensaft, 1 TL Leinöl und ¼ TL Salz im Mixer oder in einer hohen Rührschüssel mit dem Pürierstab fein pürieren und schaumig aufschlagen. In zwei große Gläser füllen. Mit je 1–2 Basilikumblättern garnieren.

6 Gemüse-Smoothie

no carb

Für 2 Gläser | Zubereitung: 10 Min.
Pro Glas: ca. 110 kcal, 7 g EW, 3 g F, 9 g KH
100 g Staudensellerie putzen, waschen und würfeln. 100 g roten Spitzpaprika halbieren, entkernen, waschen und klein würfeln. 4 Stiele Petersilie abbrausen und trocken tupfen, die Blätter hacken. Mit Sellerie, Paprika und 2 EL frisch gepresstem Limettensaft in den Mixer geben. 200 ml Tomatensaft und 1 TL Leinöl dazugeben und alles fein pürieren. 175 g Buttermilch und 100 ml stilles Mineralwasser untermischen. Drink mit Salz und Tabasco würzen und in zwei große Gläser füllen. Je 1 Stück Staudensellerie hineinstecken.

4
3
6
2
1
5

Apfelmüsli mit Frischkäse

KERNIGER AUFTAKT

Für 2 Personen
4 EL kernige Vollkorn-Haferflocken
2 TL getrocknete Cranberrys
2 mittelgroße Äpfel (z. B. Elstar)
2 EL frisch gepresster Zitronensaft
200 g körniger Frischkäse
2 EL Joghurt
2 TL Ahornsirup
¼ TL Zimtpulver
1 EL gehackte Haselnüsse
Zubereitung: 15 Min.
Pro Portion: ca. 330 kcal, 17 g EW, 13 g F, 35 g KH

1 Haferflocken, Cranberrys und 4 EL Wasser in einer Schüssel vermischen und ca. 5 Min. quellen lassen.

2 Die Äpfel waschen, vierteln, entkernen und ein Viertel beiseitelegen, den Rest grob raspeln. Mit dem Zitronensaft beträufeln und zum Müsli geben.

3 Frischkäse mit Joghurt und Ahornsirup verrühren, mit Zimtpulver abschmecken. Mit dem Müsli mischen, in zwei Schälchen geben. Das Apfelviertel in dünne Scheiben schneiden und auf das Müsli geben. Mit den Haselnüssen bestreut servieren.

Variante Für **Pfirsich-Kokos-Müsli** 6 EL gemischte kernige Vollkornflocken (z. B. Hafer, Gerste, Weizen, Dinkel, Roggen) mit 200 g Dickmilch und 1 EL Ahornsirup verrühren. 2 reife Pfirsiche waschen, halbieren und entsteinen. Die Hälften klein würfeln und bis auf 2 EL unter das Müsli mischen. Mit übrigen Pfirsichwürfeln und 1 EL Kokosraspel, nach Belieben geröstet, bestreuen.

Multikorn-Porridge mit Beeren

KLASSIKER NEU INSZENIERT

Für 2 Personen
5 EL frisch gepresster Orangensaft
4 EL feine Multikorn-Flocken
200 g gemischte Beeren (z. B. Erdbeeren, Himbeeren, Heidelbeeren)
150 ml Milch
2 TL flüssiger Akazienhonig
Zubereitung: 15 Min.
Pro Portion: ca. 195 kcal, 6 g EW, 4 g F, 35 g KH

1 Den Orangensaft mit 150 ml Wasser in einem Topf aufkochen lassen. Die Multikorn-Flocken dazugeben und offen bei mittlerer Hitze ca. 5 Min. quellen lassen, dabei mehrfach umrühren.

2 Inzwischen die Beeren verlesen, wenn nötig waschen. Die Erdbeeren putzen und vierteln.

3 Die Milch erhitzen. Den heißen Brei mit der Milch und den Beeren in Schalen anrichten, mit dem Honig beträufeln. Sofort servieren.

Variante Für **Amaranth-Brei mit Birne** 125 ml ungesüßten Apfelsaft aufkochen lassen. 50 g Amaranth einstreuen und bei schwacher Hitze ca. 10 Min. quellen lassen, dann abtropfen und etwas abkühlen lassen. Inzwischen 2 kleine reife Birnen waschen, halbieren und entkernen. 3 Hälften in kleine Würfel, den Rest in Spalten schneiden. 200 g Magerquark mit 2 EL Mineralwasser und 1 EL Birnendicksaft glatt rühren. Birnenwürfel, Amaranth und 1 EL gehackte Mandeln unterrühren. Den Brei auf zwei Schalen verteilen, mit Birnenspalten belegen und servieren.

Nussige Getreideflocken

Hafer, Weizen, Dinkel, Hirse, Gerste, Grünkern, Reis, Roggen, Buchweizen und Sojabohnen gibt es als Flocken zu kaufen – zum Selbermischen oder als fertigen Mix aus drei bis fünf Sorten. Achtung: Flocken aus der Tüte sind wärmebehandelt und haben bereits Vitalstoffe verloren. Beim Einkauf auf Vollkornflocken achten, das heißt Körner mit Keim. Idealerweise besorgt man sich die ganzen Körner und kurbelt sie in der Flockenquetsche selbst flach (s. S. 12).

Aufstriche & Pasten

1 Aprikosen-Quark-Aufstrich

Für 6 Portionen (ca. 300 g) | Zubereitung: 10 Min.
Pro Portion: ca. 60 kcal, 4 g EW, 1 g F, 8 g KH
1 EL gehackte Mandeln ohne Fett goldbraun rösten, dann abkühlen lassen. 80 g getrocknete Soft-Aprikosen klein würfeln. Mit 5 EL frisch gepresstem Orangensaft und ½ TL gemahlener Vanille (Reformhaus) fein pürieren. 150 g Magerquark cremig rühren, dabei Aprikosenmus und Mandeln unterrühren. Haltbarkeit: 5–6 Tage im Kühlschrank.

2 Kichererbsenpaste no carb

Für 4 Portionen (ca. 200 g) | Zubereitung: 15 Min.
Pro Portion: ca. 55 kcal, 2 g EW, 4 g F, 3 g KH
130 g Kichererbsen (Dose) abtropfen lassen, dabei 3 EL Sud auffangen. Beides mit 1 EL Olivenöl fein pürieren. Mit Salz, schwarzem Pfeffer aus der Mühle und 1 EL frisch gepresstem Zitronensaft würzen.
1 EL ungesalzene Erdnusskerne hacken und in einer Pfanne rösten. 3 Stiele Petersilie abbrausen und trocken schütteln, die Blätter hacken. Mit den Nüssen unterheben. Haltbarkeit: gekühlt 5–6 Tage.

3 Thunfisch-Tomatencreme no carb

Für 4 Portionen (ca. 250 g) | Zubereitung: 10 Min.
Pro Portion: ca. 70 kcal, 8 g EW, 2 g F, 1 g KH
1 Dose Thunfisch im eigenen Saft (120 g Abtropfgewicht) abtropfen lassen, zerpflücken und in den Blitzhacker geben. 1 kleine weiße Zwiebel schälen. 4 in Öl eingelegte getrocknete Tomaten abtropfen lassen. Zwiebel und Tomaten fein hacken und zum Thunfisch geben. 1 EL Tomatenmark und 2 EL Ricotta dazugeben, alles fein zerkleinern, salzen und pfeffern. Haltbarkeit: 4–5 Tage im Kühlschrank.

4 Steinpilz-Frischkäse no carb

Für 4 Portionen (ca. 250 g) | Zubereitung: 30 Min.
Pro Portion: ca. 70 kcal, 7 g EW, 3 g F, 2 g KH
10 g getrocknete Steinpilze mit 75 ml heißem Wasser übergießen und ca. 15 Min. einweichen. Dann die Pilze in einem Sieb abtropfen lassen, ausdrücken, dabei das Einweichwasser auffangen. Pilze hacken. 1 Schalotte schälen und fein würfeln. 2 TL Olivenöl erhitzen, Schalotte darin glasig dünsten. Pilze kurz mitdünsten, mit dem Pilzsud ablöschen, bei starker Hitze in ca. 5 Min. einkochen, dann abkühlen lassen. 150 g Magerquark und 2 EL Frischkäse (ca. 20 % Fett i. Tr.) mit den Pilzen mischen, salzen und pfeffern. Mit 1 EL Schnittlauchröllchen bestreuen. Haltbarkeit: 3–4 Tage im Kühlschrank.

5 Tofu-Aufstrich no carb

Für 4 Portionen (ca. 250 g) | Zubereitung: 10 Min.
Pro Portion: ca. 65 kcal, 4 g EW, 5 g F, 2 g KH
150 g festen Tofu klein schneiden und mit 2 EL neutralem Sojadrink, 2 EL Ajvar (scharfe Paprikapaste) und 1 EL Olivenöl fein pürieren. Mit 1–2 TL Rotweinessig, 1 TL rosenscharfem Paprikapulver, Salz und Pfeffer würzen. Haltbarkeit: gekühlt bis zu 5 Tagen.

6 Grüne Olivencreme no carb

Für 4 Portionen (ca. 200 g) | Zubereitung: 15 Min.
Pro Portion: ca. 90 kcal, 4 g EW, 8 g F, 1 g KH
1 hart gekochtes Ei pellen und grob hacken. 1 EL kleine Kapern abtropfen lassen. 30 g grüne Oliven ohne Stein, 1 EL Kürbiskerne, 1 EL Olivenöl, 1 TL Kürbiskernöl, 2 EL Frischkäse (20 % Fett i. Tr.) und 1 EL frisch gepressten Zitronensaft mit Ei und Kapern fein pürieren. 1 EL gehackte Petersilie unterheben. Salzen und pfeffern. Haltbarkeit: gekühlt 5–6 Tage.

Tipp **No carbs zum Frühstück? Dann streichen Sie die Pasten auf eine Scheibe Gurke, Tomate, Kohlrabi oder Rettich statt aufs Brot!**

5
4
6
2
3
1

Pikante Frühstücksideen

1 Feta mit Tomaten und Oliven

no carb

Für 2 Personen | Zubereitung: 10 Min.
Pro Portion: ca. 200 kcal, 11 g EW, 15 g F, 4 g KH

200 g kleine Strauchtomaten waschen und ohne die Stielansätze in ca. 5 mm dicke Scheiben schneiden. 1 Bio-Minigurke (ca. 150 g) waschen, abtrocknen und ebenfalls in Scheiben schneiden. Tomaten- und Gurkenscheiben abwechselnd überlappend auf zwei Tellern anrichten. Mit Salz und Pfeffer würzen. 100 g Schafskäse (Feta) in Würfel schneiden, mit 6 schwarzen Oliven neben dem Gemüse anrichten. Mit ½ TL getrocknetem Oregano bestreuen und mit 1 EL Olivenöl beträufeln.

2 Krabbenfrischkäse auf Radieschen

no carb

Für 2 Personen | Zubereitung: 10 Min.
Pro Portion: ca. 100 kcal, 11 g EW, 5 g F, 3 g KH

½ Bund Radieschen putzen, waschen und in dünne Scheiben schneiden. Die Scheiben auf Teller legen und salzen. 100 g körnigen Frischkäse mit 1 TL Senf glatt rühren. 50 g Nordseekrabbenfleisch bis auf 1 EL unterheben, salzen und pfeffern. Die Krabbenmischung auf die Radieschen häufen. Mit den übrigen Krabben bestreuen. Mit Dillspitzen garnieren.

3 Gurkenquark mit Lachs

no carb

Für 2 Personen | Zubereitung: 15 Min.
Pro Portion: ca. 200 kcal, 20 g EW, 12 g F, 4 g KH

1 Bio-Minigurke (ca. 200 g) waschen, abtrocknen, längs halbieren, entkernen und in möglichst kleine Würfel schneiden. 100 g Magerquark und 2 EL Joghurt mit 1 TL geriebenem Meerrettich (Glas) und 1 TL Olivenöl glatt rühren. Gurkenwürfel bis auf 1 EL unterheben, den Quark salzen und pfeffern. ½ Bund Schnittlauch abbrausen, trocken schütteln, in Röllchen schneiden und untermischen. Gurkenquark mit 80 g Räucherlachs-Scheiben anrichten. Die übrigen Gurkenwürfel darüberstreuen.

4 Bündner Fleisch mit Birne

no carb

Für 2 Personen | Zubereitung: 15 Min.
Pro Portion: ca. 150 kcal, 13 g EW, 8 g F, 5 g KH

1 feste Birne (ca. 150 g) waschen, vierteln, entkernen und in Spalten schneiden. 1 TL Rapsöl erhitzen, die Birnenspalten darin 1–2 Min. dünsten. Mit Salz, Pfeffer und 1 EL frisch gepresstem Zitronensaft würzen. Mit 50 g Bündner Fleisch anrichten. 30 g Scarmorza (geräucherter Mozzarella; oder Manchego) darüberreiben. Mit schwarzem Pfeffer übermahlen.

Tipp **Bündner Fleisch, gedünstete Birne und Käse in eine kleine Gratinform geben und unter dem vorgeheizten Elektro-Grill 4–5 Min. überbacken, bis der Käse zu schmelzen beginnt.**

5 Avocado mit Putenbrust

no carb

Für 2 Personen | Zubereitung: 10 Min.
Pro Portion: ca. 360 kcal, 10 g EW, 34 g F, 3 g KH

1 reife Avocado (ca. 250 g) halbieren und den Stein entfernen. Die Hälften schälen, längs in Spalten schneiden und anrichten. Mit 2 EL frisch gepresstem Limettensaft beträufeln. 100 g Kirschtomaten waschen und halbieren. Tomatenhälften und 100 g Putenbrust-Aufschnitt dazulegen. Mit 2 TL Olivenöl beträufeln und mit schwarzem Pfeffer übermahlen. Mit 2 TL gerösteten Sesamsamen bestreuen.

Tipp **Zu allen Frühstücksideen können Sie, wenn es das Carb-Budget erlaubt, 1 Scheibe Vollkornbrot, Pumpernickel oder 1 Vollkornbrötchen essen.**

Eier zum Frühstück

1 Spiegelei auf Champignons

no carb

Für 2 Personen | Zubereitung: 15 Min.
Pro Portion: ca. 230 kcal, 13 g EW, 19 g F, 1 g KH

2 Riesenchampignons (ca. 200 g) putzen, abreiben und in dünne Scheiben schneiden. 4 Stiele Petersilie waschen und trocken schütteln, die Blätter grob hacken. 1 EL Olivenöl in einer großen Pfanne erhitzen, die Pilze darin 3–4 Min. braten. Mit 1 TL Aceto balsamico, Salz und Pfeffer würzen, Petersilie untermischen. Inzwischen 2 TL Rapsöl erhitzen, 2 Eier dazugeben und als Spiegeleier braten, salzen und pfeffern. Pilze anrichten, Spiegeleier daraufgeben und 20 g Parmesan darüberhobeln.

2 Räucherforellen-Rührei

no carb

Für 2 Personen | Zubereitung: 10 Min.
Pro Portion: ca. 240 kcal, 21 g EW, 16 g F, 3 g KH

3 Eier mit 2 EL Milch, Salz und Pfeffer verquirlen. 2 Händevoll Kerbel abbrausen, verlesen und hacken. Die Hälfte davon unter das Rührei heben. 2 TL Rapsöl in einer beschichteten Pfanne erhitzen, die Eiermasse darin bei mittlerer Hitze in 3–4 Min. stocken lassen, dabei mit einem Pfannenwender von der Mitte an den Rand schieben. 100 g geräuchertes Forellenfilet in Stücke schneiden, mit dem Rührei anrichten. Mit dem übrigen Kerbel bestreuen.

3 Curry-Omelett

no carb

Für 2 Personen | Zubereitung: 20 Min.
Pro Portion: ca. 280 kcal, 15 g EW, 22 g F, 4 g KH

4 Eier mit 2 EL Milch, 2 TL Currypulver, Salz und Pfeffer verrühren. 1 EL Öl in einer beschichteten Pfanne (20 cm Ø) erhitzen, die Hälfte der Eiermilch dazugießen und ca. 2 Min. braten. Omelett wenden, weitere 2 Min. braten, herausnehmen und warm halten. Das zweite Omelett genauso backen. Inzwischen 1 rote Paprikaschote halbieren, entkernen, waschen und klein würfeln. 3 Frühlingszwiebeln putzen und waschen, das Weiße und Hellgrüne in dünne Ringe schneiden. 1 EL Erdnussöl erhitzen, Frühlingszwiebeln und Paprika darin 2–3 Min. braten. Das Gemüse salzen, pfeffern und auf den Omeletts verteilen. Omeletts zusammenklappen und jeweils mit 3–4 Petersilienblättern garnieren.

4 Tomaten-Eier im Glas

no carb

Für 2 Personen | Zubereitung: 15 Min.
Pro Portion: ca. 170 kcal, 14 g EW, 12 g F, 2 g KH

100 g Kirschtomaten waschen, in Scheiben schneiden und in zwei Gläser geben. Salzen und pfeffern. Die Gläser in ein heißes Wasserbad stellen. Inzwischen 4 Eier in 3 Min. wachsweich kochen, abschrecken, aufschlagen und je 2 Eier auf die Kirschtomaten im Glas gleiten lassen. Salzen und pfeffern. Mit 1 EL Schnittlauchröllchen bestreuen.

5 Buttermilch-Pancakes

Für 2 Personen | Zubereitung: 20 Min.
Pro Portion: ca. 250 kcal, 11 g EW, 10 g F, 28 g KH

40 g Dinkelmehl (Type 1050) und ½ TL Weinstein-Backpulver mischen, mit 100 g Buttermilch, 1 Prise Salz, 1 TL flüssigem Akazienhonig und 1 Ei (L) verrühren. 1 EL Rapsöl in einer beschichteten Pfanne erhitzen, pro Pancake 2 EL Teig hineingeben und auf jeder Seite in 3–4 Min. goldbraun braten. Die fertigen Pancakes auf zwei Tellern mit 150 g Joghurt anrichten. Mit je 2 TL Apfeldicksaft beträufeln und mit etwas Zimtpulver bestäuben.

Glücklich snacken

Die Wissenschaft hat festgestellt, dass ... Hungern nur das Fett fest hält.

Es gibt keine Diät für alle – und es gibt auch keine Regeln, die auf alle gleichermaßen zutreffen. Nun sagt der Ernährungs-Experte: Iss dreimal am Tag, das reicht. Es gibt aber Menschen, denen reicht das nicht. Die kriegen Hunger. Und Hunger stresst. Und Stress stoppt den Fettabbau (die Lipolyse). Und so macht die Regel »Iss nur dreimal am Tag« manche Menschen dick. Die Hunger-Typen brauchen einfach einen Snack zwischendurch. Und der sollte halt nur wenig Insulin locken. Also wenig Kohlenhydrate enthalten. Und am besten den Körper gleich noch mit Eiweiß versorgen. Das kann ziemlich lecker schmecken: wie die Meerettich-Käsekugeln, die Rettich-Lachs-Sushis, die Gurken mit Krabben, ...

Was knabbern beim Krimi?

Ob Sie es glauben oder nicht, aber es gibt tatsächlich neue Studien, die zeigen, dass man radikal abnimmt, wenn man die Fernsehdosis reduziert. Und zwar 5 Kilo in einem halben Jahr. Weil man sich automatisch mehr bewegt. Und wahrscheinlich fällt auch die eine oder andere Tüte Chips flach. Das muss nicht sein. Sie dürfen sonntags beim Krimi ruhig Chips knabbern. Unsere Gemüsechips (s. S. 44) landen nämlich nicht auf der Hüfte.

5-mal ...

... am Tag soll man Obst und Gemüse essen. Vor allem Gemüse! Und darum darf man ruhig zwischendurch auch Gemüse snacken. Gemüse mit Dip (s. S. 46) ist ein herrlicher »Ich-muss-jetzt-dringend-irgendetwas-knabbern-Ersatz«. Wenn Früchte, dann mit niedrigem GLYX wie Zitrusfrüchte, Beeren, saure Äpfel. Eine Tabelle finden Sie auf Seite 145. Idealerweise das Obst als Dessert an eine Mahlzeit hängen – und nicht unbedingt zwischendurch essen.

Zeitmanagement

Ganz schnell was snacken: Ein gekochtes Ei mit Senf. Lachsschinken um ein Stück Paprika gerollt. Eine Handvoll Walnusskerne. Ein saurer Apfel in Schnitze geschnitten. Eine halbe Tomate gefüllt mit Hüttenkäse. Ein Stück Putenfleisch in Streifen geschnitten mit Joghurtdip.

GLYX-Blitz

Kerne-Mix zum pur Snacken: Eine Mischung aus Sonnenblumen-, Kürbis- und Pinienkernen bereichert den GLYX-Vorrat. Kerne in einer Pfanne ohne zusätzliches Fett leicht rösten, bis sie duften. Sie erhalten dadurch einen intensiveren Geschmack. Abgekühlt in einer Dose aufbewahren. Und handvollweise snacken, wenn Hunger aufkommt. Man kann sie auch gut unters Müsli mixen, über den Salat streuen, im Brot mitbacken oder im Joghurt mit Obst naschen.

Abwarten und Tee trinken

Manchmal meint man einfach, was snacken zu müssen – und muss gar nicht. Pfefferminztee vertreibt den vermeintlichen Hunger zwischendurch. 1 EL grüner »Gunpowder«-Tee und die abgezupften Blätter von ½ Bund Minze mit 800 ml heißem, aber nicht kochendem Wasser übergießen, 6–8 Min. ziehen lassen. Durch ein Sieb abgießen. In eine Thermoskanne füllen. Mit frischen Minzeblättern garniert genießen, wenn der Appetit sich zwischendurch meldet.

Ein Gaumenschmeichler: Das schnellste Eis der Welt – das beste Eis der Welt und das gesündeste Eis der Welt.

GLYX-Bringer

Das schnellste Himbeereis der Welt: 250 g TK-Himbeeren mit 1 EL Vanille-Rohrohrzucker und 2 EL frisch gepresstem Zitronensaft mischen und 5–10 Min. leicht antauen lassen. Mit 250 g kaltem Joghurt cremig pürieren. Mein Lieblingseis! Keines schmeckt besser!

Kichererbsen-Knabberei: Weil's fröhlich macht! Auf der Party, zum Glas Wein, einfach zwischendurch. 300 g getrocknete Kichererbsen in Wasser ca. 12 Std. einweichen, dann in frischem Wasser in 40–60 Min. bissfest garen. Abtropfen lassen, trocken tupfen und mit je 1 TL Currypulver, Cayennepfeffer, gemahlenem Kreuzkümmel und 1 EL Olivenöl vermengen. Kichererbsen auf einem mit Backpapier ausgelegten Backblech verteilen, im Backofen (Mitte) bei 200° (Umluft 180°) ca. 30 Min. rösten.

Zucchinichips: 500 g junge Zucchini waschen, abtrocknen, in 1–2 mm dicke Scheiben hobeln und auf ein Backblech legen. Mit 2 EL frisch gepresstem Zitronensaft und 1 EL Olivenöl beträufeln. Im vorgeheizten Backofen (Mitte) bei 200° (Umluft 180°) in ca. 30 Min. goldbraun backen. Salzen, abkühlen lassen. Für alle, die gesund und originell knabbern wollen – zwischendurch, am Spieleabend oder vor dem Fernseher.

Neu: Milde Bitterschokolade

Lust auf Süßes zwischendurch? Man muss ja nicht gleich alles 90-prozentig machen. Es gibt die neue milde Bitterschokolade mit 70 % Kakaoanteil, der ideale Einstieg für alle sich auf gesund umstellenden Süßschnäbel – weniger kakaosäuerlich und weniger bitter. GLYX-niedrigst. Irgendwann gelangt man dann testend zu höheren Prozenten.

Nussknackers Slim-Botschaft

Nüsse machen dick? Falsch. Nussfette halten jede Körperzelle jung, schützen vor Herzinfarkt, solange die Nuss nicht im Schokomantel oder Salzkleid steckt. Probieren Sie lieber mal unsere Curry-Honig-Mandeln oder die gewürzten Pekannüsse (s. S. 44).

Sie wissen: Ein hungriger Bauch hat keine Ohren. Darum sollten Sie snacken, bevor der Magen knurrt.

Süß oder herzhaft?

Süß heißt immer »Kohlenhydrate«. Also lieber herzhaft snacken. Aber wenn der Körper unbedingt was Süßes will, dann geben Sie ihm eine Handvoll Beeren, ein Stück Bitterschokolade, ein Blitzeis (s. Rezept »Das schnellste Himbeereis« auf dieser Seite), ein paar Früchte mit Joghurt, getrocknete Aprikosen, Schoko-Erdbeeren.

Knusper-Snacks auf Vorrat

1 Parmesantaler

no carb

Für 18 Portionen (ca. 100 g) | Zubereitung: 30 Min.
Pro Portion: ca. 30 kcal, 3 g EW, 2 g F, 0 g KH

Den Backofen auf 200° (Umluft 180°) vorheizen. Zwei Backbleche mit Backpapier auslegen. 160 g Parmesan fein reiben, je 1 EL davon als Kreis dünn auf die Bleche streuen. Mit 1 ½ EL Schwarzkümmel bestreuen. Im Ofen (Mitte) nacheinander (oder bei Umluft gleichzeitig) in ca. 5 Min. goldgelb schmelzen lassen. Herausnehmen und etwas abkühlen. Mit einer Palette von den Blechen heben und auf einem Rost erkalten lassen. Haltbarkeit: 2–3 Wochen.

2 Gemüsechips

no carb

Für 8 Portionen (ca. 125 g) | Zubereitung: 1 Std.
Pro Portion: ca. 30 kcal, 1 g EW, 1 g F, 2 g KH

Den Backofen auf 200° (Umluft 180°) vorheizen. Zwei Backbleche mit Backpapier auslegen. 600 g Gemüse (z. B. Knollensellerie, Topinambur, Möhre, Petersilienwurzel, Kohlrabi) putzen, schälen und in hauchdünne Scheiben hobeln. Die Gemüsescheiben auf die Bleche verteilen, hauchdünn mit 1 EL Olivenöl bepinseln und mit 1 TL Meersalz bestreuen. Im Ofen (Mitte) nacheinander jeweils ca. 15 Min. backen. Die Chips mit einer Palette von den Blechen heben, in einer Schüssel abkühlen lassen. In Cellophantüten aufbewahren. Haltbarkeit: 2–3 Wochen.

3 Apfelchips

no carb

Für 8 Portionen (ca. 125 g) | Zubereitung: 20 Min.
Backen: ca. 2 Std.
Pro Portion: ca. 25 kcal, 0 g EW, 0 g F, 5 g KH

Den Backofen auf 120° (Umluft 110°) vorheizen. Zwei Backbleche mit Backpapier auslegen. 4 säuerliche Äpfel (ca. 500 g, z. B. Jonagold, Elstar) waschen, abtrocknen, nach Belieben schälen und das Kerngehäuse ausstechen. Die Äpfel in ca. 3 mm dünne Scheiben schneiden oder hobeln, kurz in 3 EL frisch gepresstem Zitronensaft wenden. Die Scheiben auf die Bleche legen und im Ofen (2. Schienen von unten) 1 Std. 30 Min. bis 2 Std. trocknen lassen. Dabei einen Kochlöffelstiel zwischen Tür und Ofen klemmen, damit die Feuchtigkeit entweichen kann. Die Chips herausnehmen, auf einem Kuchengitter auskühlen lassen. In Cellophantüten oder Dosen verpacken. Haltbarkeit: 3–4 Wochen.

4 Curry-Honig-Mandeln

no carb

Für 8 Portionen (200 g) | Zubereitung: 20 Min.
Pro Portion: ca. 150 kcal, 5 g EW, 14 g F, 2 g KH

Den Backofen auf 180° (Umluft 160°) vorheizen. Ein Backblech mit Backpapier auslegen. 1 Eiweiß und 1 TL flüssigen Akazienhonig mit einer Gabel leicht verschlagen. 200 g abgezogene Mandeln darin wenden, sodass sie gleichmäßig überzogen sind. 2 TL Currypulver und ½ TL Salz mischen. Die Mandeln darin wälzen und auf dem Blech verteilen. Im Ofen (Mitte) 8–10 Min. rösten. Auf dem Blech abkühlen lassen. Dann in eine Dose oder ein Schraubglas füllen. Haltbarkeit: 1–2 Wochen.

5 Gewürzte Pekannüsse

no carb

Für 8 Portionen (200 g) | Zubereitung: 20 Min.
Pro Portion: ca. 180 kcal, 3 g EW, 18 g F, 1 g KH

Den Backofen auf 180° (Umluft 160°) vorheizen. Ein Backblech mit Backpapier auslegen. Je 1 TL Kreuzkümmel und Korianderkörner in eine Gewürzmühle geben und frisch mahlen. Beides mit ½ TL gemahlenen Nelken, Cayennepfeffer und 1 TL Meersalz mischen. 1 Eiweiß mit einer Gabel leicht verschlagen. 200 g Pekannüsse darin wenden. Die Gewürze untermischen. Die Nüsse auf dem Blech verteilen. Im Ofen (Mitte) 8–10 Min. rösten. Abkühlen lassen und in eine Dose füllen. Haltbarkeit: 1–2 Wochen.

Chips & Co.

Heißhungerattacke? Lust auf eine Knabberei? Snacken kann man auch GLYX-niedrig – und supergesund. Unsere Gemüsechips überzeugen den Gaumen und tasten die Hüfte nicht an. Machen Sie am besten gleich eine Riesenportion auf Vorrat und genießen Sie sie mit selbst gemachten Dips wie Ajvardip (S. 62), Kräuterquark (S. 68) oder Kaperndip (S. 73). Ideal, denn Chips und Dips locken kein Insulin, versorgen uns aber mit Eiweiß und Vitalstoffen.

Geröstete Nüsse

Packen Sie Liebe in die Tüte: selbst gemachte Würznüsse. Es lohnt sich gleich eine größere Menge zu rösten: Mandeln, Pekan- oder Haselnüsse, Walnuss-, Erdnuss- oder Cashewnusskerne – am besten drei bis vier Sorten auf einmal. Die Nüsse in Eiweiß wenden, dann getrennt mit Salz und mit Paprikapulver, getrocknetem Rosmarin oder Wasabipulver mischen. Gewürzte Sorten separat auf ein Backblech geben und im Backofen (Mitte) bei 180° (Umluft 160°) 8–10 Min. rösten. In Cellophantüten füllen.

Minisnacks für zwischendurch

1 Gemüse mit Grapefruitdip

Für 2 Personen | Zubereitung: 15 Min.
Pro Portion ca. 110 kcal, 16 g EW, 1 g F, 9 g KH
400 g rohes Gemüse der Saison (z. B. Paprikaschote, Staudensellerie, Kohlrabi, Frühlingszwiebeln) waschen, putzen und in Streifen schneiden. 200 g Magerquark mit 4 EL frisch gepresstem Saft von 1 Rosa Grapefruit und ½ TL rosenscharfem Paprikapulver verrühren. Den Quark mit Salz und Pfeffer würzen. ½ Bund Schnittlauch abbrausen, trocken schütteln, in Röllchen schneiden und unter den Dipp rühren. Den Dip extra zum rohen Gemüse servieren.

2 Tomatentürmchen

no carb

Für 2 Personen | Zubereitung: 10 Min.
Pro Portion ca. 90 kcal, 6 g EW, 7 g F, 2 g KH
1 reife Tomate waschen, den Stielansatz entfernen und die Tomate in ca. 1 cm dicke Scheiben schneiden. Mit Salz, Pfeffer und 2 TL weißem Aceto balsamico würzen. 60 g Mozzarella in 4 Scheiben schneiden, abwechselnd mit den Tomatenscheiben zu Türmchen zusammensetzen. Je 1 Basilikumblatt und 1 schwarze Olive ohne Stein auf ein Holzstäbchen stecken und das Türmchen damit fixieren.

3 Paprika mit Ricotta

no carb

Für 2 Personen | Zubereitung: 10 Min.
Pro Portion: ca. 110 kcal, 6 g EW, 7 g F, 5 g KH
4 orangefarbene Mini-Paprikaschoten längs halbieren, entkernen und waschen. 80 g Ricotta mit 1 TL Pesto (selbst gemacht S. 54 oder gekauft), Salz und Pfeffer glatt rühren. Die Paprikahälften damit füllen und mit etwas Gartenkresse bestreuen.

4 Gurken mit Krabben

no carb

Für 2 Personen | Zubereitung: 10 Min.
Pro Portion: ca. 60 kcal, 9 g EW, 1 g F, 2 g KH
1 Bio-Minigurke (ca. 200 g) waschen, streifig schälen, längs halbieren und mit einem Teelöffel entkernen. Die Gurkenhälften salzen und pfeffern, dann schräg in ca. 3 cm lange Stücke schneiden. 6 TL Joghurt auf die Gurkenstücke geben, 80 g Nordseekrabbenfleisch (oder Garnelen) daraufgeben.

5 Parmesan mit Aceto balsamico

no carb

Für 2 Personen | Zubereitung: 5 Min.
Pro Portion: ca. 155 kcal, 14 g EW, 10 g F, 1 g KH
80 g jungen Parmesan oder Grana Padano in grobe Stücke teilen – am besten mit einem Parmesanmesser. Die Käsestücke auf einen Teller geben und mit 2 TL Aceto balsamico beträufeln.

6 Bresaola-Spießchen

no carb

Für 2 Personen | Zubereitung: 10 Min.
Pro Portion: ca. 40 kcal, 6 g EW, 1 g F, 1 g KH
4 Physalis (Kapstachelbeeren) aus der Hülle lösen. 8 Scheiben Bresaola (ca. 40 g; italienischer Rinderschinken) ziehharmonikaartig zusammenlegen. Je 2 Schinkenscheiben mit 1 Physalis in der Mitte auf 4 kleine Holzspieße stecken. Mit schwarzem Pfeffer aus der Mühle übermahlen.

7 Spargel-Schinken-Grissini

no carb

Für 2 Personen | Zubereitung: 15 Min.
Pro Portion: ca. 60 kcal, 7 g EW, 2 g F, 1 g KH
4 Stangen grünen Spargel (ca. 150 g) putzen, im unteren Drittel schälen und in Salzwasser ca. 5 Min. kochen, dann abgießen und mit kaltem Wasser abschrecken. Mit Salz und Pfeffer würzen. Je 1 Spargelstange mit 1 Scheibe luftgetrocknetem Schinken, z. B. San Daniele oder Parmaschinken, umwickeln.

Kleine Eiweißpower-Snacks

1 Meerrettich-Käsekugeln

no carb

Für 2 Personen | Zubereitung: 15 Min.
Pro Portion: ca. 60 kcal, 9 g EW, 1 g F, 3 g KH
100 g Magerquark in ein Tuch geben und ausdrücken. Mit 2 EL Frischkäse (ca. 20 % Fett i. Tr.) und 1 TL geriebenem Meerrettich (Glas) verrühren und mit Salz und Pfeffer würzen. Aus der Masse mit angefeuchteten Händen 6 walnussgroße Kugeln formen. 3 Käsekugeln in 2 EL Schnittlauchröllchen wenden. Die übrigen Käsekugeln in 1 EL grob gemahlenem schwarzem Pfeffer wälzen.

2 Feta in Pepperballs

no carb

Für 2 Personen | Zubereitung: 10 Min.
Pro Portion: ca. 60 kcal, 5 g EW, 4 g F, 1 g KH
8 Pepperballs (Kirschpaprika aus dem Glas; oder 80 g Tomatenpaprikastücke) abtropfen lassen. 50 g Schafskäse (Feta) in 8 Würfel schneiden, 8 Basilikumblätter abreiben. Je 1 Stück Käse und 1 Basilikumblatt in die Öffnung der Kirschpaprika stecken.

3 Rettich-Lachs-Sushis

no carb

Für 2 Personen | Zubereitung: 10 Min.
Pro Portion: ca. 130 kcal, 13 g EW, 8 g F, 2 g KH
100 g schlanken Rettich putzen, schälen und in 6 ca. 1 cm dicke Scheiben schneiden, die Scheiben salzen. 75 g körnigen Frischkäse mit Salz, Pfeffer und etwas abgeriebener Schale von 1 Bio-Zitrone verrühren. Die Masse jeweils mit zwei Teelöffeln rund formen und auf die Rettichscheiben geben. Mit je 2 streichholzlangen Schnittlauchhalmen belegen. 50 g Räucherlachs (in Scheiben) in breite Streifen schneiden und darüberlegen.

4 Salatröllchen mit Avocado

no carb

Für 2 Personen | Zubereitung: 15 Min.
Pro Portion: ca. 150 kcal, 6 g EW, 13 g F, 1 g KH
4 große Kopfsalatblätter waschen, trocken tupfen, die dicken Mittelrippen entfernen. 1 Frühlingszwiebel putzen, waschen und in dünne Ringe schneiden. ½ kleine reife Avocado vom Stein befreien, die Hälfte schälen und längs in Spalten schneiden. Mit 2 TL frisch gepresstem Zitronensaft beträufeln. 4 Scheiben Hähnchenbrust-Aufschnitt (ca. 40 g) in Streifen schneiden, auf den Salatblättern verteilen, mit Avocadospalten und Frühlingszwiebeln belegen. Mit je ½ TL Chilisauce beträufeln, aufrollen.

5 Tofu-Spinat-Sticks

no carb

Für 2 Personen | Zubereitung: 15 Min.
Pro Portion: ca. 60 kcal, 6 g EW, 3 g F, 2 g KH
100 g Räuchertofu (Reformhaus) trocken tupfen und in 6 fingerdicke Stäbchen schneiden. 1 EL Sojasauce mit 1 EL frisch gepresstem Limettensaft und 1 TL frisch geriebenem Ingwer verrühren. Den Tofu damit beträufeln, salzen und pfeffern. 6 Blätter Wurzelspinat (ca. 100 g) waschen, verlesen und die groben Stiele abschneiden. Spinatblätter 30 Sek. in kochendes Salzwasser tauchen, kalt abschrecken und abtropfen lassen, dann längs halbieren. Den Tofu aus der Marinade nehmen, je 1 Tofustück in ein Spinatblatt wickeln. Mit der übrigen Marinade beträufeln.

6 Feigen mit Ziegenkäse

Für 2 Personen | Zubereitung: 15 Min.
Pro Portion: ca. 130 kcal, 5 g EW, 8 g F, 9 g KH
4 reife Feigen (ca. 150 g) waschen und jeweils einen Deckel abschneiden. Das Fruchtfleisch herauslösen. 1 kleines Stück Ziegenfrischkäse (ca. 40 g; z. B. Picandou) zerdrücken, mit dem Feigenfleisch und 2 TL gehackten Walnüssen mischen. Die Käsecreme salzen und pfeffern. Die Feigen damit füllen und pfeffern. Jeweils den Deckel aufsetzen.

5
4
6
1
2
3

WARME KÜCHE

»Keine Liebe ist aufrichtiger als die Liebe zum Essen.« Hat der irische Dramatiker George Bernard Shaw (1856 bis 1950) gesagt. Passt heute 1 : 1 in die GLYX-Philosophie. Wer es nicht liebt zu essen, hat schon verloren. Essen ist Kultur, Geselligkeit, sorgt für Leichtigkeit des Seins. Auf der Gabel liegen nicht nur Energie und Baustoffe des Körpers – sondern auch das Glück. Essen macht uns fröhlich. Wie zum Beispiel Pasta mit Walnusspesto, Thaisuppe mit Huhn, Pilzschmarren, Seelachs mit Kräuterkruste, …

Warme Küche

Die Wissenschaft hat festgestellt, dass ...
Genießen schlanker hält.

Wer einen guten Gaumen hat, lebt mit weniger Pfunden, zeigen neueste Studien. Also: Weg mit Fertigkost – her mit Genuss pur.
Es gibt nicht eine Diät für alle. Darum können Sie sich in meinen GLYX-Büchern Ihre Rezepte nach Gusto zusammenstellen. Probieren Sie aus, was Ihnen schmeckt und Sie fröhlich macht. Natürlich heißt GLYXen auch: Auf den Körper hören. Wenn Sie ein Lebensmittel nicht vertragen, dann lassen Sie es auf alle Fälle weg. Und es heißt: Die Diät muss zu Ihrem Leben passen – und nicht Ihr Leben zur Diät. Darum essen Sie warm, wann Sie es gewohnt sind. Mittags oder abends – egal.

Macht die Abendkalorie dicker?

Es kommt nicht darauf an, wie viele Kalorien Sie abends essen, sondern was Sie genießen.
Unsere No-Carb-Rezepte Spinatsuppe mit Feta-Gremolata, Seelachs mit Kräuterkruste, Putenschnitzel mit Pilzragout, Lammlachs mit Mangold machen Sie schlank im Schlaf.
Nicht vergessen »no carb« heißt hier: Das Rezept enthält unter 5 Gramm Kohlenhydrate. Oder: Bis zu 10 Gramm Kohlenhydrate, wenn sie aus Gemüse stammen – und zum Großteil unverdauliche Ballaststoffe sind.
Aber die abendliche Kohlenhydrat-Lust muss nicht auf der Hüfte landen. Probieren Sie doch mal unsere Brokkoli-Farfalle, das Spargel-Weizen-Risotto, ... Alles ist GLYX-niedrig und hält schlank. Man kann ruhig mal einen Berg Pasta verschlingen – ohne dass morgens die Waage erschrickt, wenn man das Ganze nicht mit viel tierischem Fett kombiniert. Sondern mit pflanzlichem Öl und magerem Eiweiß. Darum macht auch ein riesiger Teller Pasta mit Olivenöl und Garnelen nicht dick.

Zeitmanagement

Je unverarbeiteter ein Lebensmittel ist, desto mehr Lebensenergie schenkt es uns. Trotzdem darf man sonnengereifte Tomaten aus der Dose genießen, auch weiße Bohnen, Kichererbsen, Linsen und für geputztes Gemüse auch mal in das zeitsparende Tiefkühlfach greifen.

Wie sieht ein GLYX-Fitnessteller aus?

Die Portion Gemüse ist doppelt so groß wie die Portion Eiweiß. Und diese, also das Geflügel, der Fisch, das Stück Tofu, ist doppelt so groß wie die Beilage – die Kartoffel, der Reis, die Nudeln, das Brot, ...

Darf man ein Glas Wein zum Essen trinken?

Klar, trockener Wein hat einen ganz niedrigen GLYX. Und: GLYXen heißt genießen.

Benjamin Franklin hat gesagt:
»Wein ist der Beweis, dass Gott uns liebt und will, dass wir glücklich sind.«

Und nun noch ein Zitat von Plutarch:
»Der Wein ist unter den Getränken das nützlichste, unter den Arzneien das schmackhafteste, unter den Nahrungsmitteln das angenehmste.« Prost!

Glück kann man konservieren:
Chilischoten in Olivenöl.

GLYX-Bringer

Chili-Öl sollten Sie immer zu Hause haben. Das Capsaicin der Chilischote kurbelt nämlich den Fettstoffwechsel an – und lockt über den Gaumen Endorphine. Die Glücksdrogen des Körpers.
So geht's: 1 TL Chiliflocken (Pulbiber) oder 3 getrocknete rote Chilischoten zerkleinert in eine Flasche (250 ml) geben. Mit 250 ml kalt gepresstem Olivenöl auffüllen, verschließen. An einem kühlen, dunklen Ort 1 Woche durchziehen lassen. Ein paar Tröpfchen in der Sauce, auf der Pizza, zu Fleisch oder im Reis bringen mehr Würze.

Goethe hat übrigens gesagt:
»Kein Genuss ist vorübergehend, denn der Eindruck, den er hinterlässt, ist bleibend.« Das wünschen wir Ihnen!

GLYXen heißt auch, ...

... mit Aroma und der Heilkraft der Gewürze und Kräuter zu würzen, das natürliche Kristall-, Stein- oder Meersalz zu verwenden, den Pfeffer aus der Mühle zu drehen, mit Ingwer experimentieren.

Nudeln-GLYX-Garprobe

Nudeln in sprudelnd kochendem und leicht gesalzenem Wasser garen. Sobald die auf der Packung angegebene Kochzeit erreicht ist, mit dem Kochlöffel eine Nudel herausangeln und den Biss prüfen. Sie soll innen noch einen »harten« Kern haben, aber außen weich sein. Dann ist sie garantiert: GLYX-niedrig. Mit der Weichheit der Nudel steigt der GLYX an.

Kartoffelweisheiten

Die festkochenden Salatkartoffeln wie Nicola haben einen etwas niedrigeren GLYX. Interessant: Der GLYX sinkt weiter, wenn man die Kartoffel noch mal erwärmt. Ganz einfach, weil die Stärke dann nicht mehr so schnell in kleine Zuckermoleküle gespalten werden kann. Das ist natürlich kein Hüftfreibrief für Bratkartoffeln.

Dosenfutter?

Klar. Wenn die Tomaten sonnengereift dort landen. Auch Hülsenfrüchte können ruhig Mal aus der Dose kommen. Es muss ja nicht Kartoffeleintopf, Ravioli oder Zuckerobst sein. GLYX-Konserven gibt's übrigens auch auf www.mariongrillparzer.de.

Pesto & Tomatensugo auf Vorrat

1 Basilikumpesto (no carb)

Für 1 Glas (150 ml; 6 Portionen)
Zubereitung: 15 Min.
Pro Portion: ca. 190 kcal, 3 g EW, 19 g F, 2 g KH
Die Blätter von 1 großen Bund Basilikum (ca. 40 g Basilikumblätter) abzupfen, abreiben und grob hacken. 1 Knoblauchzehe schälen und würfeln. 40 g Pinienkerne in einer Pfanne ohne Fett rösten, dann abkühlen lassen. Mit Basilikum, Knoblauch und ½ TL Meersalz im Blitzhacker fein pürieren, dabei nach und nach 80 ml Olivenöl und 40 g geriebenen Parmesan dazugeben. Mit Salz und Pfeffer würzen.

2 Tomatenpesto (no carb)

Für 1 Glas (200 ml; 6 Portionen)
Zubereitung: 15 Min.
Pro Portion: ca. 200 kcal, 4 g EW, 19 g F, 1 g KH
40 g Sonnenblumenkerne in einer Pfanne ohne Fett goldbraun rösten, dann abkühlen lassen. 1 Knoblauchzehe schälen und hacken. 80 g in Öl eingelegte getrocknete Tomaten abtropfen lassen, dann in Streifen schneiden. Mit Sonnenblumenkernen, Knoblauch und 80 ml Olivenöl im Blitzhacker oder mit dem Pürierstab fein zerkleinern. 1 EL Aceto balsamico und 40 g frisch geriebenen Parmesan unterrühren. Mit Salz und Pfeffer würzen.

3 Walnusspesto (no carb)

Für 1 Glas (150 ml; 6 Portionen)
Zubereitung: 15 Min.
Pro Portion: ca. 190 kcal, 3 g EW, 19 g F, 1 g KH
½ Bund Petersilie abbrausen und trocken schütteln, die Blätter abzupfen. 1 Knoblauchzehe schälen und klein schneiden. 40 g Walnusskerne hacken. Mit Petersilie, Knoblauch, ½ TL Meersalz und 40 g frisch geriebenem Parmesan oder Grana Padano im Blitzhacker oder mit dem Pürierstab pürieren, dabei 80 ml Olivenöl untermixen. Salzen und pfeffern.

Tipp **Pesto passt nicht nur zu Nudeln, sondern auch zu Risotto, Suppen, Salatdressings, Fleisch, Fisch, Käse oder als Brotaufstrich.**

4 Tomatensugo (no carb)

Für 3 Gläser (à 300 ml; 6 Portionen)
Zubereitung: 35 Min. | Garen: 40 Min.
Pro Portion: ca. 70 kcal, 2 g EW, 4 g F, 5 g KH
Stielansätze von 1 kg vollreifen Tomaten entfernen. Die Tomaten kurz überbrühen, häuten und würfeln. 2 Zwiebeln und 2 Knoblauchzehen schälen und fein würfeln. 1 Stange Staudensellerie waschen und putzen. 1 kleine Möhre putzen und schälen. Sellerie und Möhre klein würfeln. 2 EL Olivenöl in einem großen Topf erhitzen. Zwiebeln, Knoblauch, Sellerie und Möhre darin ca. 3 Min. dünsten. 2 TL Tomatenmark und Tomaten dazugeben. Alles aufkochen und offen bei mittlerer Hitze in ca. 40 Min. einkochen lassen, dabei mehrfach umrühren. Mit 1–2 TL Chilipulver, Salz und Pfeffer würzen. Die Masse durch ein Sieb oder die Flotte Lotte streichen und in saubere Gläser füllen (s. S. 55).

Tipp **Statt frischer Tomaten 800 g stückige Tomaten aus der Dose oder dem Tetrapak nehmen.**

Varianten Für eine **pikante Tomatensauce** das Gemüse wie beschrieben vorbereiten und mit 4 klein geschnittenen Sardellen dünsten. Sobald die Sauce eingekocht ist, 80 g schwarze Oliven ohne Stein in Scheiben schneiden. Dann mit 1 EL gehackten Kapern untermischen. Die Sauce nach Belieben mit gehackter Petersilie bestreuen.
Für eine **scharfe Tomatensauce** 2 rote Chilischoten längs aufschneiden, entkernen, waschen, fein würfeln und mit dem Gemüse dünsten. Die eingekochte Tomatensauce mit Tabasco scharf abschmecken.

Pesto selbst gemacht

Heimkommmen. Hunger haben. Die 12-Minuten-Lösung: Wasser aufsetzen. Salat zupfen. Pasta kochen. Salat anmachen – zusammen mit Pasta und Pesto servieren. Pesto frisch zubereiten, wenn Sie Zeit haben. In Gläser füllen und mit Olivenöl bedecken. Im Kühlschrank hält es sich bis zu zehn Tage. Bei Bedarf eine Portion entnehmen und mit etwas Nudelkochwasser geschmeidig rühren. Den Rest im Glas wieder mit Öl bedecken und kühl aufbewahren.

Sauce für den Vorrat

Gäste kommen unvermutet. Kinder bringen ihre Freunde mit ... Kein Problem, wenn man selbst gemachte Tomatensauce im Schrank stehen hat. Nichts geht schneller: Glas öffnen, entsprechende Menge rauslöffeln, erwärmen. Schmeckt zu Nudeln, Reis, Bulgur, zu Fisch und Fleisch, verfeinert Suppen und Saucen. Tomatensugo nach Rezept (s. S. 54) zubereiten. In saubere, heiß ausgespülte Twist-off-Gläser füllen, verschließen und ca. 5 Min. auf den Kopf stellen. Hält sich an einem kühlen Ort 2–3 Wochen.

Spinatsuppe mit Feta-Gremolata

GRIECHISCH INSPIRIERT

no carb

Für 2 Personen
1 kleine Zwiebel
1 Knoblauchzehe
1 EL Olivenöl
250 g portionierbarer TK-Blattspinat
½ l Gemüsebrühe
3–4 Zweige Thymian
2 EL zerkrümelter Feta
1 TL abgeriebene Schale von ½ Bio-Zitrone
Salz | Pfeffer
150 g Joghurt
2 g pflanzliches Bindemittel (Reformhaus)
Zubereitung: 25 Min.
Pro Portion: ca. 150 kcal, 8 g EW, 10 g F, 5 g KH

1 Zwiebel und Knoblauch schälen und fein würfeln. Das Öl erhitzen, Zwiebel und Knoblauch darin glasig dünsten. Den gefrorenen Spinat und die Brühe dazugeben, alles aufkochen und zugedeckt bei mittlerer Hitze ca. 7 Min. kochen lassen.

2 Inzwischen den Thymian abbrausen und trocken schütteln, die Blättchen hacken. Mit Feta und Zitronenschale mischen.

3 Die Suppe fein pürieren. Joghurt und Bindemittel verrühren und untermixen. Suppe bei schwacher Hitze 2–3 Min. ziehen lassen, salzen und pfeffern. Die Suppe anrichten und jeweils etwas Feta-Mischung in die Mitte geben.

Variante Für eine **Spinatcremesuppe mit Ei** die Suppe wie beschrieben zubereiten. Inzwischen 2 Eier in kochendem Wasser in 6–7 Min. wachsweich kochen, dann kalt abschrecken, vorsichtig pellen und quer halbieren. Die Eier in die Mitte der angerichteten Suppe setzen, leicht salzen und pfeffern.

Gemüsebouillon mit Käseklößchen

GEHT SCHNELL UND MACHT VIEL HER

no carb

Für 2 Personen
2 Stiele Petersilie
40 g frisch geriebener Parmesan
2 EL Ricotta
1 EL Vollkornsemmelbrösel
1 Eigelb
1 EL gehackte Pistazien
Salz | Pfeffer
½ l Gemüsefond (Glas; oder Gemüsebrühe)
50 g kleine weiße Champignons
¼ Bund Schnittlauch
Zubereitung: 20 Min.
Pro Portion: ca. 200 kcal, 13 g EW, 13 g F, 1 g KH

1 Die Petersilie abbrausen und trocken schütteln, die Blätter fein hacken. Mit Käse, Ricotta, Semmelbröseln, Eigelb, gehackten Pistazien vermischen. Die Mischung mit wenig Salz und Pfeffer würzen. Aus der Masse mit angefeuchteten Händen 10 runde Klößchen formen.

2 Den Fond erhitzen, die Klößchen darin bei schwacher Hitze in 3–4 Min. gar ziehen lassen. Inzwischen die Pilze putzen, abreiben und in feine Scheibchen schneiden. Den Schnittlauch abbrausen, trocken schütteln und in Röllchen schneiden.

3 Klößchen mit Brühe in tiefe Teller geben, mit Champignons und Schnittlauch bestreut servieren.

Das schmeckt dazu Pro Person 2 kleine Scheibchen Vollkornbaguette (ca. 40 g).

Tipp **Klare Sache – die Brühe eignet sich auch als Vorspeise für ein GLYX-Menü. Dafür einfach die Menge entsprechend der Gästezahl erhöhen.**

Thaisuppe mit Huhn

WÜRZIG MIT ZITRONENGRAS UND CHILI

Für 2 Personen
40 g breite Glasnudeln
1 Stängel Zitronengras
4 Frühlingszwiebeln
1 kleine Möhre
100 g Shiitakepilze (oder braune Champignons)
1 kleine rote Chilischote
1 Stück Ingwer (ca. 2 cm)
200 g Hähnchenbrustfilet
1 EL Rapsöl
Salz | Pfeffer
300 ml Gemüsebrühe
100 ml ungesüßte Kokosmilch (Dose)
2 EL Korianderblätter (oder Petersilie)
Zubereitung: 25 Min.
Pro Portion: ca. 280 kcal, 24 g EW, 8 g F, 25 g KH

1 Glasnudeln mit kochendem Wasser übergießen, ca. 10 Min. einweichen. Vom Zitronengras die äußere Hülle entfernen, die unteren 10 cm in Stücke schneiden. Frühlingszwiebeln putzen, waschen und in 3 cm lange Stücke schneiden. Möhre putzen, schälen und in feine Stifte schneiden. Pilze abreiben, die Stiele entfernen, die Kappen in Scheiben schneiden. Chilischote längs halbieren, entkernen, waschen und fein würfeln. Ingwer schälen, würfeln.

2 Fleisch in Streifen schneiden. Öl erhitzen, das Fleisch darin bei mittlerer Hitze 2–3 Min. anbraten, salzen und pfeffern. Mit Zitronengras, Frühlingszwiebeln, Möhre, Pilzen, Chili, Ingwer, Brühe und Kokosmilch aufkochen lassen und zugedeckt bei mittlerer Hitze in 2–3 Min. garen.

3 Nudeln abtropfen lassen, in Stücke schneiden und in Schalen anrichten. Suppe darübergeben und mit Korianderblättern bestreuen.

Kichererbsensuppe

ORIENTALISCH INSPIRIERT

Für 2 Personen
130 g Kichererbsen (Dose)
1 Zwiebel
1 Knoblauchzehe
1 gelbe Paprikaschote
2 EL Olivenöl
½ TL gemahlener Kreuzkümmel
1 TL rosenscharfes Paprikapulver
300 ml Gemüsebrühe
1 kleine Dose stückige Tomaten (200 g)
1 Stück Schale von 1 Bio-Orange
Salz | schwarzer Pfeffer aus der Mühle
125 g rohe geschälte Garnelen (frisch oder aufgetaute TK-Garnelen)
1 EL gehackte Petersilie
Zubereitung: 25 Min.
Pro Portion: 400 kcal, 27 g EW, 15 g F, 35 g KH

1 Die Kichererbsen abtropfen lassen. Zwiebel und Knoblauch schälen und fein würfeln. Paprikaschote halbieren, entkernen, waschen und klein würfeln.

2 1 EL Öl erhitzen, Zwiebel, Knoblauch und Paprika darin ca. 1 Min. andünsten. Kichererbsen dazugeben und ca. 1 Min. mitdünsten. Mit Kreuzkümmel und Paprikapulver bestäuben. Die Brühe dazugießen und aufkochen. Tomaten und Orangenschale dazugeben, Suppe salzen und pfeffern. Dann bei mittlerer Hitze ca. 10 Min. kochen lassen.

3 Inzwischen die Garnelen abbrausen und abtropfen lassen. Übriges Öl erhitzen, die Garnelen darin bei starker Hitze 2–3 Min. braten. Mit Petersilie in die Suppe geben. Mit Salz und Pfeffer abschmecken.

Tipp **Je 1 TL Crème légère obendrauf setzen. 2 Minzeblätter in Streifen darüberstreuen.**

Pilzschmarren

DER EIERKLASSIKER MAL HERZHAFT

Für 2 Personen
½ Bund Schnittlauch
200 g gemischte Pilze (z. B. Kräuterseitlinge, Champignons)
2 Eier | Salz
4 EL Milch
50 g Dinkelmehl (Type 1050)
100 g Frischkäse (ca. 20 % Fett i. Tr.)
schwarzer Pfeffer
1 EL Rapsöl
frisch geriebene Muskatnuss
Zubereitung: 30 Min.
Pro Portion: ca. 320 kcal, 21 g EW, 16 g F, 21 g KH

1 Schnittlauch abbrausen, trocken schütteln und in Röllchen schneiden. Pilze putzen, abreiben und in grobe Stücke schneiden. 1 Ei trennen. Das Eiweiß mit 1 Prise Salz steif schlagen. Eigelb und übriges Ei mit Milch, Mehl, Frischkäse und der Hälfte des Schnittlauchs verrühren, dann salzen und pfeffern. Den Eischnee unterheben.

2 Öl in einer beschichteten Pfanne (26 cm Ø) erhitzen, die Pilze darin 4–5 Min. anbraten. Mit Salz, Pfeffer und Muskat würzen. Teig darübergießen, bei mittlerer Hitze ca. 7 Min. braten, dann vierteln, wenden und in 5–6 Min. fertig backen. Den Eierkuchen in Stücke zupfen, mit übrigem Schnittlauch bestreuen.

Variante Für **Zucchinipfannkuchen** 150 g Zucchini waschen, putzen und grob raspeln. 2 Eier, 200 ml Milch, 80 g Dinkelmehl (Type 1050), 4 EL frisch geriebenen Parmesan und Salz verrühren. Zucchini unterheben. 1 EL Olivenöl in einer beschichteten Pfanne (24 cm Ø) erhitzen, die Hälfte des Teiges darin bei mittlerer Hitze in ca. 5 Min. goldbraun backen. Dann wenden und ca. 2 Min. backen, herausnehmen und warm halten. Den zweiten Pfannkuchen genauso zubereiten.

Gemüsepfanne

no carb

EIN BLITZGERICHT, DAS LAUNE MACHT

Für 2 Personen
1 mittelgroße gelbe Paprikaschote
1 Bund Frühlingszwiebeln
150 g Kirschtomaten
1 rote Zwiebel
2 Knoblauchzehen
8 Stiele Kerbel (oder Petersilie)
2 EL Olivenöl
Salz | Pfeffer
50 g Manchego (spanischer Schafskäse)
2 Eier
Zubereitung: 25 Min.
Pro Portion: ca. 320 kcal, 15 g EW, 25 g F, 8 g KH

1 Die Paprikaschote halbieren, entkernen, waschen und in ca. 2 cm große Rauten oder Streifen schneiden. Frühlingszwiebeln waschen, putzen und schräg in ca. 2 cm breite Stücke schneiden. Tomaten waschen, halbieren und die Stielansätze entfernen. Zwiebel und Knoblauch schälen und fein würfeln. Kerbel abbrausen und trocken schütteln, die Blätter hacken.

2 Das Öl in einer großen Pfanne erhitzen, Zwiebel und Knoblauch darin glasig dünsten. Paprikaschote und Frühlingszwiebeln dazugeben und unter Wenden ca. 3 Min. mitdünsten. Salzen und pfeffern. Tomaten und die Hälfte des Kerbels unterheben.

3 Den Käse fein raspeln. Die Pfanne vom Herd nehmen. Gemüse etwas beiseiteschieben und die Eier in die Vertiefungen gleiten lassen. Gemüse mit Käse bestreuen und zugedeckt bei schwacher Hitze in ca. 5 Min. garen, bis das Spiegelei gestockt und der Käse geschmolzen ist. Mit übrigem Kerbel bestreuen.

Das schmeckt dazu Pro Person 1 Scheibe Vollkornbrot (ca. 50 g).

Gemüsecurry mit Tofu

no carb

KNACKIG, BUNT UND SUPERGESUND

Für 2 Personen
200 g fester Tofu
1 EL dunkles Sesamöl
1 rote Paprikaschote
2 Frühlingszwiebeln
100 g Brokkoli
200 g Mangold
75 g Shiitakepilze (oder braune Champignons)
2 EL Erdnussöl
1 TL gelbe Currypaste (Asialaden)
80 ml ungesüßte Kokosmilch (Dose)
Salz | Pfeffer
Zubereitung: 30 Min.
Pro Portion: ca. 280 kcal, 14 g EW, 21 g F, 9 g KH

1 Den Tofu in 1–2 cm große Würfel schneiden, mit dem Sesamöl mischen. Paprikaschote halbieren, entkernen, waschen und in Streifen schneiden. Frühlingszwiebeln putzen, waschen und in 1–2 cm breite Stücke schneiden. Brokkoli waschen, putzen und in Röschen teilen. Mangold waschen und putzen, die Stiele in feine, die Blätter in ca. 2 cm breite Streifen schneiden. Pilze abreiben, Stiele entfernen und die Kappen halbieren.

2 1 EL Erdnussöl im Wok erhitzen, den Tofu darin in 2–3 Min. scharf anbraten, herausnehmen und warm halten. Übriges Erdnussöl erhitzen, Paprika, Brokkoli und Mangoldstiele darin unter Wenden 4–5 Min. braten. Frühlingszwiebeln, Pilze und Mangoldblätter zugeben und 1–2 Min. mitbraten. Currypaste unterrühren. Kokosmilch dazugießen und offen 1–2 Min. einkochen lassen, dann salzen und pfeffern. Curry anrichten und den Tofu daraufgeben.

Das schmeckt dazu Pro Person 40 g (Rohgewicht) Basmati-Naturreis.

Gemüse mit Ajvardip

VEGETARISCH, PROVENZALISCH

Für 2 Personen
2 Knoblauchzehen
2 TL Kräuter der Provence
½ l Gemüsebrühe
1 gelbe Paprikaschote
2 kleine rote Zwiebeln
200 g kleine Strauchtomaten
1 kleiner Zucchino
200 g geräucherter Tofu (Reformhaus)
8 Kapernäpfel (Glas)
Salz | Pfeffer
100 g Dickmilch
1 EL Ajvar (scharfe Paprikapaste)
4 Stiele Petersilie
Zubereitung: 30 Min.
Pro Portion: ca. 180 kcal, 14 g EW, 6 g F, 15 g KH

1 Knoblauch schälen und in Scheibchen schneiden. Mit den Kräutern und der Brühe aufkochen lassen.

2 Paprikaschote achteln, entkernen und waschen. Zwiebeln schälen und in feine Spalten schneiden. Tomaten waschen, halbieren und die Stielansätze entfernen. Zucchino waschen, putzen. Zucchino und Tofu in ca. 1 cm dicke Scheiben schneiden. Kapernäpfel abtropfen lassen. Mit Gemüse und Tofu in einen Dämpfeinsatz legen, salzen und pfeffern. Gemüse zugedeckt über dem kochenden Würzsud bei mittlerer Hitze ca. 20 Min. dämpfen.

3 Dickmilch mit Ajvar, Salz und Pfeffer verrühren. Petersilie waschen und trocken schütteln, die Blätter hacken. Gemüse salzen, pfeffern und mit Petersilie bestreuen. Den Ajvardip dazu servieren.

Das schmeckt dazu Pro Person 40 g (Rohgewicht) Couscous oder Bulgur.

Wunderbarer Tofu

Er ist so gut wie sein Koch. Der zu Blöcken gepresste Sojabohnenquark passt sich nämlich jedem Kochstil an, nimmt alle Wunsch-Aromen auf. Er lässt sich marinieren, würzen, braten, dünsten und panieren. Zerdrückt oder püriert ist er die Basis für Aufstriche, Saucen oder Desserts. Tofu gib's vakuumverpackt in Portionen, mal fester, mal weicher, natur, geräuchert über Buchenholz, mit Kräutern, Tomaten, Mandel-Sesam. Seidentofu heißt eine zart-cremige Sorte.

Pasta in GLYX-Manier

1 Mediterrane Vollkornspaghetti

Für 2 Personen | Zubereitung: 30 Min.
Pro Portion: ca. 330 kcal, 13 g EW, 17 g F, 31 g KH
80 g Vollkornspaghetti | Salz | 1 orangefarbene Paprikaschote | 100 g Kirschtomaten | 1 Knoblauchzehe | ½ Bund Basilikum | 2 EL Olivenöl | Pfeffer | Chiliflocken | 1 kleiner Ziegenfrischkäse (ca. 40 g; z. B. Picandou) | 2 EL frisch geriebener Parmesan

Spaghetti nach Packungsangabe in Salzwasser bissfest garen. Inzwischen die Paprikaschote halbieren, entkernen, waschen und klein würfeln. Tomaten waschen und halbieren. Knoblauch schälen und fein hacken. Basilikumblätter abzupfen, abreiben und grob hacken. Das Öl in einer Pfanne erhitzen, die Paprika darin unter Wenden in ca. 4 Min. bissfest garen. Tomaten und Knoblauch dazugeben und 2–3 Min. mitbraten. Alles mit Salz, Pfeffer und Chiliflocken würzen. Nudeln in einem Sieb abtropfen lassen, dann zum Gemüse geben. Ziegenkäse zerkrümeln, mit Parmesan und Basilikum darüberstreuen.

Tipp **Im Frühjahr statt Basilikum 5 grob gehackte Bärlauchblätter darüberstreuen.**

2 Spinatspaghetti aglio e olio

Für 2 Personen | Zubereitung: 25 Min.
Pro Portion: ca. 300 kcal, 16 g EW, 11 g F, 32 g KH
80 g Spaghetti | Salz | 1 kleine rote Chilischote | 2–3 Knoblauchzehen | 2 EL Olivenöl | 250 g zarter Blattspinat (küchenfertig; Kühlregal) | 1 Dose Thunfisch im eigenen Saft (60 g Abtropfgewicht) | Pfeffer

Spaghetti nach Packungsangabe in Salzwasser bissfest garen. Inzwischen die Chilischote längs halbieren, entkernen, waschen und in feine Streifen schneiden. Knoblauch schälen und in dünne Scheiben schneiden. Öl in einer Pfanne erhitzen, Knoblauch, Chili und Spinat darin bei mittlerer Hitze 2–3 Min. braten. Den Thunfisch abgießen und zerpflücken. Spaghetti in einem Sieb abtropfen lassen und mit dem Thunfisch unter den Spinat heben. Salzen und pfeffern.

3 Tofu-Penne all' arrabbiata

Für 2 Personen | Zubereitung: 25 Min.
Pro Portion: ca. 280 kcal, 13 g EW, 9 g F, 35 g KH
80 g Penne | Salz | 100 g Räuchertofu (Reformhaus) | 1 kleine Zwiebel | 1 Knoblauchzehe | 1 rote Chilischote | 1 EL Olivenöl | 1 kleine Dose stückige Tomaten (200 g) | Pfeffer | ½ Bund Petersilie | 2 EL frisch geriebener Parmesan

Nudeln nach Packungsangabe in Salzwasser bissfest garen. Inzwischen den Tofu in kleine Würfel schneiden. Zwiebel und Knoblauch schälen und fein hacken. Chilischote längs halbieren, entkernen waschen und in feine Streifen schneiden. Das Öl in einer Pfanne erhitzen. Tofu, Zwiebel und Knoblauch darin bei kleiner Hitze 2–3 Min. anbraten. Tomaten und Chili dazugeben, salzen, pfeffern und bei schwacher Hitze ca. 3 Min. kochen lassen. Nudeln in einem Sieb abtropfen lassen, dabei 2 EL Kochwasser auffangen, mit den Nudeln unter die Sauce mischen und erhitzen. Petersilie abbrausen und trocken schütteln, die Blätter grob hacken. Penne mit Petersilie und Käse bestreut servieren.

Tipp **Eilige können stückige scharf gewürzte Tomaten (Dose) als Basis verwenden und die Chilischote weglassen.**

Brokkoli-Farfalle

UNVERWECHSELBAR ITALIENISCH

Für 2 Personen
1 EL Pinienkerne
250 g Brokkoli
50 g gekochter Schinken
1 Handvoll Rucola
1 Schalotte
1 EL Olivenöl
200 ml Milch
Salz | schwarzer Pfeffer aus der Mühle
1 TL getrockneter Rosmarin
80 g Farfalle-Nudeln
2 EL frisch geriebener Parmesan
Zubereitung: 30 Min.
Pro Portion: ca. 360 kcal, 19 g EW, 14 g F, 39 g KH

1 Die Pinienkerne in einer Pfanne ohne Fett rösten, dann abkühlen lassen. Inzwischen den Brokkoli waschen, putzen und in kleine Röschen teilen. Die Stiele schälen und in kleine Stücke schneiden. Den Schinken in feine Streifen schneiden. Den Rucola waschen, putzen und abtropfen lassen. Die Schalotte schälen und fein würfeln.

2 Öl erhitzen, die Schalotte darin glasig dünsten. Mit der Milch ablöschen. Den Brokkoli dazugeben, mit Salz, Pfeffer und Rosmarin würzen. Zugedeckt bei schwacher Hitze 5–6 Min. kochen lassen.

3 Inzwischen die Nudeln nach Packungsangabe in Salzwasser bissfest garen, dann in einem Sieb abtropfen lassen. Die Nudeln mit Brokkolisauce, Rucola, Schinken und Pinienkernen mischen. Mit Parmesan bestreuen.

Tipp **Das Brokkoligemüse ohne Nudeln zubereiten und mit 2 kleinen Pellkartoffeln (ca. 100 g) pro Person servieren.**

Curry-Lauch-Nudeln

MIT GARNELEN BESONDERS FEIN

Für 2 Personen
200 g rohe geschälte TK-Garnelen
2 EL frisch gepresster Zitronensaft
Salz | schwarzer Pfeffer aus der Mühle
80 g Tagliatelle
1 dünne Stange Lauch
50 g TK-Erbsen
1 EL Rapsöl
2–3 TL Currypulver
etwas abgeriebene Schale von 1 Bio-Zitrone
Zubereitung: 30 Min.
Pro Portion: ca. 315 kcal, 27 g EW, 7 g F, 35 g KH

1 Die Garnelen mit Zitronensaft beträufeln, salzen, pfeffern und antauen lassen. Nudeln nach Packungsangabe in Salzwasser bissfest garen. Inzwischen den Lauch putzen, waschen, quer halbieren und die Hälften in dünne, lange Streifen schneiden. Ca. 3 Min. vor dem Ende der Garzeit der Nudeln Lauch und Erbsen mitkochen. Abtropfen lassen, dabei 125 ml Kochwasser auffangen.

2 Öl in einer Pfanne erhitzen, die Garnelen darin ca. 5 Min. dünsten. Currypulver darüberstäuben und kurz anschwitzen. Das Kochwasser dazugießen, Nudeln und Gemüse untermischen. Mit Salz, Pfeffer und Zitronenschale abschmecken.

Variante Für **Asia-Nudeln mit Fisch** die Nudeln bissfest kochen. 300 g Rotbarschfilet in Stücke schneiden und in 1 EL Erdnussöl in einer Pfanne 3–4 Min. anbraten. Den Fisch salzen, pfeffern und herausnehmen. 400 g TK-Asia-Gemüse mit ½ EL Erdnussöl in derselben Pfanne unter Rühren ca. 5 Min. braten. 150 ml Gemüsebrühe dazugießen. Nudeln und Fisch unterheben, zugedeckt 3–4 Min. ziehen lassen. Mit 1–2 EL Sojasauce würzen.

Spargel-Weizen-Risotto

MIT ZARTWEIZEN FIX GEMACHT

Für 2 Personen
250 g grüner Spargel
1 kleine Zwiebel
1 Knoblauchzehe
200 ml Gemüsebrühe
2 EL Olivenöl
80 g Zartweizen (parboiled)
1 EL Basilikumpesto (s. S. 54 oder aus dem Glas)
2 EL frisch geriebener Parmesan
Salz | schwarzer Pfeffer aus der Mühle
Zubereitung: 25 Min.
Pro Portion: ca. 300 kcal, 5 g EW, 15 g F, 32 g KH

1 Den Spargel waschen und die holzigen Enden abschneiden. Den Spargel im unteren Drittel schälen und in ca. 1 cm große Stücke schneiden. Zwiebel und Knoblauch schälen und fein würfeln.

2 Brühe erhitzen. Das Öl in einem Topf erhitzen, Zwiebel und Knoblauch darin glasig dünsten. Den Spargel und Weizen dazugeben, unter Rühren bei mittlerer Hitze ca. 2 Min. mitdünsten. Mit der Brühe ablöschen und offen bei mittlerer Hitze 10–12 Min. kochen lassen. Pesto und Käse unterrühren. Den Risotto salzen und pfeffern.

Variante Für **Weizen mit Spinat** 80 g Zartweizen (parboiled) in Salzwasser in ca. 10 Min. garen. 1 Schalotte schälen und in feine Ringe schneiden. 150 g Kirschtomaten waschen und halbieren. 1 EL Olivenöl erhitzen, die Schalotte darin glasig dünsten. 150 g zarten Blattspinat (küchenfertig; Kühlregal) dazugeben und offen ca. 2 Min. mitdünsten. Weizen abtropfen lassen, mit Tomaten und 1 EL Basilikumpesto unter den Spinat mischen. Salzen und pfeffern.

Blumenkohl-Kartoffeln mit Quark

DER KLASSIKER MIT GEMÜSE

Für 2 Personen
200 g kleine, neue festkochende Kartoffeln
Salz
250 g Blumenkohl
250 g Magerquark
100 ml Milch | Pfeffer
½ TL abgeriebene Schale von 1 Bio-Zitrone
1–2 EL frisch gepresster Zitronensaft
1 kleine Knoblauchzehe
½ Bund Petersilie
½ Bund Schnittlauch
1 TL Kürbiskernöl
grobes Meersalz
Zubereitung: 30 Min.
Pro Portion: ca. 230 kcal, 23 g EW, 5 g F, 22 g KH

1 Kartoffeln waschen und mit Schale in Salzwasser in ca. 20 Min. garen. Blumenkohl waschen, putzen und grob zerteilen, dann ca. 5 Min. vor dem Ende der Garzeit zu den Kartoffeln geben und mitgaren.

2 Inzwischen den Quark mit Milch, Salz, Pfeffer, Zitronenschale und -saft verrühren. Knoblauch schälen und fein würfeln. Kräuter abbrausen und trocken schütteln. Petersilienblätter bis auf ein paar grob hacken. Schnittlauch in Röllchen schneiden. Kräuter, Knoblauch und Kürbiskernöl unter den Quark mischen. Mit übrigen Petersilienblättern garnieren.

3 Kartoffeln und Blumenkohl abgießen, ausdämpfen lassen und mit grobem Salz bestreuen. Den Quark zum Stippen dazu servieren.

Tipp **Von März bis Mai ist Bärlauchsaison. Dann kann man Kräuter und Knoblauch im Quark durch 50 g fein gehackte Bärlauchblätter ersetzen.**

Schafskäse-päckchen (no carb)

HERRLICH AROMATISCH MIT THYMIAN UND KNOBLAUCH

Für 2 Personen
200 g Schafskäse (Feta)
300 g Tomaten
1 kleine weiße Zwiebel
6 Zweige Thymian
2 EL Olivenöl
1 Knoblauchzehe
schwarzer Pfeffer aus der Mühle
8 schwarze Oliven mit Stein
2 Bögen Backpapier (à 42 x 38 cm)
Olivenöl zum Einfetten
Zubereitung: 20 Min.
Backen: 20 Min.
Pro Portion: 410 kcal, 20 g EW, 34 g F, 5 g KH

1 Den Backofen auf 180° (Umluft 160°) vorheizen. Den Käse trocken tupfen, einmal quer und einmal waagrecht halbieren. Die Tomaten waschen, die Stielansätze entfernen und die Tomaten in Scheiben schneiden. Die Zwiebel schälen und in feine Ringe schneiden. Den Thymian abbrausen und trocken schütteln, die Blättchen abzupfen und mit dem Öl mischen. Knoblauch schälen und dazupressen. Das Thymianöl pfeffern.

2 Backpapier mit Olivenöl bestreichen. Tomaten- und Schafskäsescheiben abwechselnd überlappend darauflegen, Zwiebeln und Oliven darauf verteilen. Mit Thymianöl beträufeln. Backpapier darüber zusammenfalten, die Enden zusammendrehen. Auf dem Rost im Ofen (Mitte) in 15–20 Min. garen.

Das schmeckt dazu Pro Portion 1 Vollkorn-Brötchen (ca. 50 g).

Variante Zucchini-Kabeljau in Folie (no carb)

Für 2 Personen
2 Kabeljaufilets (ca. 250 g), 2 EL Olivenöl, 1 kleiner Zucchino (ca. 100 g), ½ Bund Schnittlauch, ½ Bund Dill, 100 ml Gemüsebrühe, 1–2 TL frisch gepresster Zitronensaft, Salz, Pfeffer, 2 Bögen Alufolie (à ca. 45 x 35 cm), Olivenöl zum Einfetten
Pro Portion: ca. 240 kcal, 23 g EW, 15 g F, 2 g KH

Ofen auf 220° (Umluft 200°) vorheizen. Fisch trocken tupfen. 1 EL Öl erhitzen, den Fisch darin auf beiden Seiten ca. 4 Min. anbraten. Alufolie einfetten. Zucchino waschen, putzen und in dünne Scheiben schneiden, die Hälfte auf der Folie verteilen. Fisch darauflegen, übrigen Zucchino daraufgeben. Kräuter abbrausen und trocken schütteln. Schnittlauch in Röllchen schneiden. Dillspitzen abzupfen. Fisch mit Kräutern bestreuen, mit Brühe, Zitronensaft und übrigem Öl beträufeln. Salzen und pfeffern. Folie verschließen. Den Fisch auf dem Rost im Ofen (Mitte) 15–20 Min. backen.

Tiefkühlfisch – ein guter Fang

Sie haben keinen Fischhändler ums Eck? Dann angeln Sie einfach Qualität aus dem Tiefkühlfach. So tauen Sie Fisch richtig auf: Filets aus der Verpackung nehmen und zugedeckt auf einem Teller über Nacht langsam im Kühlschrank auftauen lassen. Oder: Am selben Tag bei Zimmertemperatur. Einzeln vakuumierte Filets in der Verpackung auftauen. Last-Minute-Methode: Fisch in der Vakuumverpackung oder im Gefrierbeutel zum Auftauen in kaltes Wasser legen.

Lachsfilets auf Gurke

no carb

ESTRAGON BRINGT WÜRZE, ANIS AROMA

Für 2 Personen
1 Bio-Salatgurke (ca. 400 g)
2 Frühlingszwiebeln
3 Stiele Estragon (oder 1 TL getrockneter)
2 Lachsfilets (ohne Haut; à ca. 150 g)
2 EL frisch gepresster Zitronensaft
Salz | schwarzer Pfeffer aus der Mühle
1 EL Olivenöl
125 ml Fischfond (Glas; oder Hühnerbrühe)
2 TL Dijon-Senf
1 EL Schmand
Zubereitung: 25 Min.
Pro Portion: ca. 400 kcal, 31 g EW, 29 g F, 5 g KH

1 Die Gurke so schälen, dass einige Streifen der Schale dranbleiben, längs halbieren, mit einem Teelöffel entkernen und in Scheiben schneiden. Frühlingszwiebeln putzen, waschen und in feine Ringe schneiden. Estragon abbrausen und trocken schütteln, die Blättchen fein schneiden. Den Lachs abbrausen, trocken tupfen und mit 1 EL Zitronensaft beträufeln. Mit Salz und Pfeffer würzen.

2 Öl in einem Schmortopf erhitzen, Frühlingszwiebeln und Gurken darin bei mittlerer Hitze 1–2 Min. anbraten. Fond, Senf, Schmand und übrigen Zitronensaft dazugeben. Mit Salz und Pfeffer würzen, alles offen bei mittlerer Hitze ca. 3 Min. dünsten.

3 Lachsfilets auf das Gemüse legen, mit Estragon bestreuen und zugedeckt bei mittlerer Hitze in ca. 10 Min. garen.

Variante Statt Gurken schmeckt auch Spitzkohl dazu. Diesen in Stücke schneiden, den Strunk entfernen und die Stücke in feine Streifen schneiden.

Fischbuletten mit Kaperndip

EIN WÜRZIGER LECKERBISSEN

Für 2 Personen
200 g Fischfilet (z. B. Robarsch, Kabeljau)
1 Schalotte
2 EL feine Haferflocken
1 Eigelb
Salz | Pfeffer
½ TL abgeriebene Schale von 1 Bio-Zitrone
1 EL Rapsöl
1 EL feine Kapern (Glas)
100 g Magerquark
2 EL Joghurt
2 TL frisch gepresster Zitronensaft
3 Stiele Dill
Zubereitung: 30 Min.
Pro Portion: ca. 270 kcal, 29 g EW, 13 g F, 9 g KH

1 Fischfilet abbrausen, trocken tupfen und würfeln. Schalotte schälen und fein hacken. Beides pürieren. Haferflocken, Eigelb, Salz, Pfeffer und Zitronenschale untermischen. Aus der Masse 4 kleine Buletten formen. Öl in einer beschichteten Pfanne erhitzen, die Buletten darin bei mittlerer Hitze auf beiden Seiten in ca. 4 Min. goldbraun braten.

2 Kapern abtropfen lassen, fein hacken. Mit Quark, Joghurt, Zitronensaft, Salz und Pfeffer verrühren. Dill abbrausen und trocken schütteln, Dillspitzen hacken, unterrühren. Die Buletten mit Dip anrichten.

Variante Für **Fischburger** aus der Fischmasse 2 Burger formen und wie oben braten. 2 Vollkorn-Roggenbrötchen waagrecht aufschneiden, unteren Hälften mit der Hälfte des Dips bestreichen. Die Scheiben von 1 Tomate und Fischburger darauflegen. Mit übrigem Dip bedecken. Oberen Hälften darauflegen.

Pangasius-Saltimbocca

no carb

AUF MEDITERRANE ART

Für 2 Personen
2 Pangasiusfilets (à ca. 150 g)
2 Scheiben Lachsschinken
4 Salbeiblätter
Salz | schwarzer Pfeffer aus der Mühle
1 kleiner Zucchino
je 1 kleine rote und orangefarbene Paprikaschote
100 g Kirschtomaten
1 Zwiebel
1 Knoblauchzehe
2 EL Olivenöl
2 TL Kräuter der Provence
1 EL Tomatenmark
100 ml Gemüsebrühe
2 kleine Holzspießchen
Zubereitung: 30 Min.
Pro Portion: ca. 270 kcal, 25 g EW, 15 g F, 9 g KH

1 Fischfilets waschen, trocken tupfen, jeweils mit 1 Scheibe Schinken und 2 Salbeiblättern belegen. Filets zusammenklappen, mit Spießchen feststecken, salzen und pfeffern. Zucchino waschen, putzen, längs halbieren und quer in Scheiben schneiden. Paprikaschoten halbieren, entkernen, waschen und klein würfeln. Tomaten waschen und halbieren. Zwiebel und Knoblauch schälen und fein würfeln.

2 1 EL Öl erhitzen, die Paprikawürfel darin unter Rühren ca. 3 Min. anbraten. Zucchino, Zwiebel, Knoblauch und Kräuter der Provence dazugeben und ca. 3 Min. mitdünsten. Das Tomatenmark einrühren. Brühe und Tomaten dazugeben ca. 3 Min. mitdünsten. Das Gemüse salzen und pfeffern.

3 Das übrige Öl in einer beschichteten Pfanne erhitzen, den Fisch darin bei mittlerer Hitze auf jeder Seite ca. 4 Min. braten. Mit Gemüse servieren.

Doradenfilets mit Artischocken

SCHMECKT NACH SOMMER UND MEER

Für 2 Personen
250 g grüne Bohnen
Salz
1 Dose Artischockenherzen (240 g Abtropfgewicht)
1 rote Zwiebel
1 Knoblauchzehe
2 Doradenfilets (mit Haut; à ca. 150 g, frisch oder aufgetauter TK-Fisch)
schwarzer Pfeffer aus der Mühle
2 EL Olivenöl
1 EL Pinienkerne
Zubereitung: 30 Min.
Pro Portion: ca. 390 kcal, 37 g EW, 21 g F, 12 g KH

1 Die Bohnen waschen, putzen, halbieren und in kochendem Salzwasser in ca. 7 Min. garen. Inzwischen die Artischocken in einem Sieb abtropfen lassen und längs vierteln. Zwiebel und Knoblauch schälen. Die Zwiebel in Streifen schneiden, den Knoblauch fein würfeln. Bohnen herausnehmen, kalt abschrecken und abtropfen lassen.

2 Die Fischfilets auf der Hautseite 3–4-mal leicht einritzen. Mit Salz und Pfeffer würzen. 1 EL Öl in einer Pfanne erhitzen, die Filets darin auf der Hautseite bei mittlerer Hitze in ca. 4 Min. knusprig anbraten. Pinienkerne dazugeben und kurz mitbraten. Die Filets wenden und ca. 2 Min. braten.

3 Gleichzeitig das übrige Öl in einer Pfanne erhitzen, Zwiebel und Knoblauch darin glasig dünsten. Bohnen und Artischocken dazugeben und 2–3 Min. mitdünsten. Das Gemüse salzen und pfeffern.

Das schmeckt dazu Pro Portion 2 kleine Pellkartoffeln (ca. 100 g) – nach Belieben gepellt und in 2 TL Olivenöl goldbraun gebraten.

Seelachs mit Kräuterkruste

no carb

KNUSPRIG UND FEIN-WÜRZIG

Für 2 Personen
1 kleine Bio-Orange
50 g Pekannüsse
6 Stiele Petersilie
2 TL getrockneter Rosmarin
2 EL Olivenöl
2 Seelachsfilets (à ca. 150 g)
Salz | Pfeffer
1 dünne Stange Lauch (ca. 250 g)
100 ml Gemüsebrühe
Olivenöl zum Einfetten
Zubereitung: 30 Min.
Pro Portion: ca. 450 kcal, 31 g EW, 35 g F, 5 g KH

1 Backofen auf 220° (Umluft 200°) vorheizen. Eine Gratinform (ca. 18 x 28 cm) mit Olivenöl einfetten. Die Orange heiß waschen, abtrocknen und die Schale fein abreiben. Die Nüsse grob hacken. Petersilie waschen und trocken schütteln, die Blätter abzupfen. Mit Orangenschale, Nüssen, Rosmarin und 1 EL Öl mit dem Pürierstab oder im Blitzhacker fein zerkleinern.

2 Die Fischfilets waschen, trocken tupfen, salzen, pfeffern und in die Form legen. Mit der Nussmischung bestreichen. Im Backofen (2. Schiene von unten) in 12–13 Min. goldbraun backen.

3 Inzwischen die Orange so schälen, dass die weiße Haut mit entfernt wird. Fruchtfilets herausschneiden, den Saft auffangen. Lauch waschen und putzen, schräg in ca. 5 mm feine Ringe schneiden.

4 Übriges Öl erhitzen, den Lauch darin 2–3 Min. andünsten. Mit Orangensaft und Brühe ablöschen, den Lauch zugedeckt 5–6 Min. dünsten. Salzen und pfeffern. Orangenfilets unterheben. Das Gemüse mit dem Fisch anrichten.

Fischgratin mit Mozzarella

no carb

EIN FEINES ESSEN, AUCH FÜR GÄSTE

Für 2 Personen
2 Fischfilets (à ca. 150 g; z. B. Rotbarsch, Pangasius, Zander)
Salz | Pfeffer
300 g kleine Strauchtomaten
1 mittelgroßer Zucchino
125 g Mozzarella
1 EL frisch gepresster Zitronensaft
1 EL Olivenöl
2 TL Pesto (s. S. 54 oder aus dem Glas)
2–3 Stiele Basilikum
Olivenöl zum Einfetten
Zubereitung: 30 Min.
Pro Portion: ca. 470 kcal, 42 g EW, 31 g F, 5 g KH

1 Den Backofen auf 200° (Umluft 180°) vorheizen. Die Fischfilets waschen, trocken tupfen und in ca. 4 x 4 cm große Stücke schneiden. Die Stücke auf beiden Seiten salzen und pfeffern. Tomaten waschen, die Stielansätze entfernen und die Tomaten in dünne Scheiben schneiden. Zucchino waschen, putzen und schräg in ca. 5 mm dünne Scheiben hobeln. Mozzarella in Scheiben schneiden.

2 Eine Gratinform (ca. 30 x 20 cm) mit Olivenöl einfetten. Abwechselnd und leicht überlappend Fischstücke, Tomaten, Zucchino und Mozzarella in die Form schichten, leicht salzen und pfeffern. Zitronensaft mit Öl und Pesto verrühren, über das Gratin träufeln. Im Ofen (Mitte) in ca. 20 Min. überbacken. Basilikumblätter abzupfen, abreiben und das Gratin damit bestreuen.

Das schmeckt dazu Pro Portion 2 Scheiben Vollkornbaguette (ca. 40 g).

Putenschnitzel mit Pilzragout (no carb)

LEICHT UND AROMATISCH

Für 2 Personen
10 g getrocknete Steinpilze
200 g kleine weiße Champignons
3 Frühlingszwiebeln
125 g Kirschtomaten
½ Bund Petersilie
2 EL Olivenöl | Salz | Pfeffer
5 EL trockener Weißwein
1 EL Schmand
2 Putenschnitzel (à ca. 150 g)
Zubereitung: 25 Min.
Pro Portion: ca. 310 kcal, 42 g EW, 14 g F, 4 g KH

1 Die Steinpilze abbrausen und in 100 ml warmem Wasser ca. 10 Min. einweichen. Champignons putzen, abreiben und halbieren. Frühlingszwiebeln waschen, putzen und schräg in ca. 1 cm dünne Scheiben schneiden. Tomaten waschen und halbieren. Petersilie abbrausen und trocken schütteln, die Blätter grob hacken.

2 1 EL Öl in einer Pfanne erhitzen, Champignons und Frühlingszwiebeln darin 2–3 Min. anbraten, mit Salz und Pfeffer würzen. Mit dem Wein ablöschen und in ca. 2 Min. einkochen lassen. Steinpilze samt Einweichsud dazugeben und offen in ca. 5 Min. einkochen lassen. Schmand unterrühren, Tomaten unterheben. Pilze mit Salz und Pfeffer würzen.

3 Gleichzeitig die Putenschnitzel trocken tupfen. Das übrige Öl in einer Pfanne erhitzen, die Schnitzel darin auf jeder Seite ca. 2 Min. braten. Salzen und pfeffern. Mit Pilzragout anrichten und mit Petersilie bestreuen.

Das schmeckt dazu Pro Person 2 Scheiben Vollkornbaguette (ca. 40 g).

Hähnchenbrust mit Lauch (no carb)

MIT INGWER UND ZIMT AUFGEPEPPT

Für 2 Personen
400 g Lauch
2 kleine rote Zwiebeln
1 Stück Ingwer (walnussgroß)
1 Knoblauchzehe
2 Hähnchenbrustfilets (ca. 250 g)
2 EL Olivenöl
Salz | Pfeffer
200 ml Hühnerbrühe
½ Stange Zimt
½ Bund Petersilie
Zubereitung: 30 Min.
Pro Portion: ca. 280 kcal, 30 g EW, 13 g F, 8 g KH

1 Lauch putzen, waschen und schräg in ca. 1 cm dicke Scheiben schneiden. Zwiebeln schälen und in Spalten schneiden. Ingwer schälen und fein würfeln. Knoblauch schälen und fein hacken. Hähnchenbrustfilets waschen, trocken tupfen, längs halbieren und quer in ca. 4 cm breite Stücke schneiden.

2 Das Öl in einem Schmortopf erhitzen, das Fleisch darin in 3–4 Min. hellbraun anbraten. Das Fleisch herausnehmen, salzen und pfeffern. Zwiebeln im Bratfett glasig dünsten. Lauch, Ingwer und Knoblauch dazugeben und ca. 2 Min. mitbraten. Brühe, Zimtstange und Fleisch dazugeben, aufkochen und zugedeckt bei mittlerer Hitze ca. 10 Min. schmoren.

3 Inzwischen die Petersilie abbrausen und trocken schütteln, die Blätter hacken. Ragout mit Salz und Pfeffer würzen. Mit Petersilie bestreuen.

Das schmeckt dazu Pro Portion 40 g Instant-Couscous in 125 ml Gemüsebrühe ca. 5 Min. quellen lassen.

Puten-Gyros-Pfanne

no carb

WÜRZIGER KLASSIKER AUF NEUE ART

Für 2 Personen
300 g Putenschnitzel
2 EL Olivenöl
2 TL Gyros-Gewürzmischung
150 g Joghurt
1 TL frisch gepresster Zitronensaft
Salz | Pfeffer
½ TL Chiliflocken (oder 1 zerbröselte, getrocknete Chilischote)
2 Tomaten
1 Mini-Romanasalat
½ Bund Petersilie
Zubereitung: 25 Min.
Pro Portion: ca. 320 kcal, 41 g EW, 14 g F, 5 g KH

1 Die Schnitzel trocken tupfen und in feine Streifen schneiden. In einer Schüssel mit 1 ½ EL Öl und Gyrosgewürz mischen und ca. 10 Min. marinieren.

2 Inzwischen den Joghurt mit Zitronensaft, übrigem Öl, Salz, Pfeffer und Chiliflocken verrühren. Die Tomaten waschen, die Stielansätze entfernen und die Tomaten achteln. Den Salat waschen, putzen und in Streifen schneiden. Petersilie abbrausen und trocken schütteln, die Blätter hacken.

3 Eine große Pfanne stark erhitzen, das marinierte Fleisch darin in 4–5 Min. kräftig anbraten. Mit Salz und Pfeffer würzen. Fleisch herausnehmen, den Bratensatz mit 4 EL Wasser lösen. Das Fleisch mit Tomaten, Salat und Petersilie anrichten und mit dem Bratensaft beträufeln. Die Joghurtsauce extra dazu servieren.

Das schmeckt dazu Pro Person 2 Scheibchen Vollkornbaguette (ca. 40 g).

Chicorée-Hähnchen-Wok

no carb

VON ASIATISCHER LEICHTIGKEIT

Für 2 Personen
2 Hähnchenbrustfilets (ca. 250 g)
½ TL Sambal oelek
4 EL helle Sojasauce
1 Möhre
1 Bund Frühlingszwiebeln
2 Schalotten
1 Chicorée
2 EL Soja- oder Rapsöl
125 ml Gemüsebrühe
Salz | Pfeffer
1 EL geschälte Erdnusskerne
Zubereitung: 25 Min.
Pro Portion: ca. 320 kcal, 32 g EW, 15 g F, 10 g KH

1 Das Fleisch waschen, trocken tupfen und in feine Streifen schneiden. Mit Sambal oelek und Sojasauce vermischen, abgedeckt beiseitestellen. Möhre putzen, schälen, längs halbieren und quer in dünne Scheiben schneiden. Frühlingszwiebeln putzen und waschen, die weißen und hellgrünen Teile schräg in 2–3 cm breite Stücke schneiden. Schalotten schälen, halbieren und in Streifen schneiden. Chicorée putzen, längs halbieren und den Strunk keilförmig herausschneiden. Die Hälften quer in ca. 2 cm breite Streifen schneiden.

2 Fleisch abtropfen lassen. 1 EL Öl in einem Wok oder einer Pfanne erhitzen, das Fleisch darin unter Rühren in 2–3 Min. braun anbraten, herausnehmen. Das übrige Öl erhitzen, Schalotten und Möhren darin unter Wenden ca. 3 Min. braten, Frühlingszwiebeln und Chicorée ca. 1 Min. mitbraten. Übrige Marinade und Brühe dazugießen, Fleisch unterheben, salzen und pfeffern. Alles bei schwacher Hitze 2–3 Min. ziehen lassen. Die Erdnüsse grob hacken und darüberstreuen.

Lammlachs mit Mangold (no carb)

KRÄUTERAROMA TRIFFT PILZAROMA

Für 2 Personen
250 g Lammlachs (oder Filets)
2 EL Olivenöl
2 TL frisch gehackter Rosmarin
2 TL frisch gehackter Thymian
Salz | Pfeffer
200 g Mangold
100 g Kräuterseitlinge (oder Austernpilze)
2 Tomaten
1 Knoblauchzehe
6 EL trockener Weißwein
6 EL Hühnerbrühe
Zubereitung: 30 Min.
Pro Portion: ca. 380 kcal, 28 g EW, 27 g F, 5 g KH

1 Das Fleisch trocken tupfen. 1 EL Öl mit Rosmarin, Thymian, Salz und Pfeffer verrühren. Das Fleisch damit bestreichen und ziehen lassen. Inzwischen den Mangold putzen und waschen. Die Stiele würfeln, das Grün in Streifen schneiden. Die Pilze putzen und grob zerteilen. Die Tomaten waschen, vierteln und entkernen. Den Knoblauch schälen und fein hacken.

2 Das übrige Öl in einer beschichteten Pfanne erhitzen, Lammlachs darin rundherum 4–5 Min. braten. Herausnehmen und in Alufolie wickeln.

3 Knoblauch, Mangoldstiele und Pilze im Bratfett 1–2 Min. anbraten. Mangoldblätter und Tomaten dazugeben, mit Salz und Pfeffer würzen. Wein und Brühe dazugießen, alles zugedeckt bei mittlerer Hitze ca. 3 Min. schmoren. Das Fleisch in Scheiben schneiden und mit dem Gemüse anrichten.

Das schmeckt dazu Pro Person 2 Scheiben Vollkornbaguette (ca. 40 g).

Rindersteaks mit Chinakohl (no carb)

PERFEKTES ENSEMBLE ZUM SCHLEMMEN

Für 2 Personen
200 g Chinakohl
1 kleine Möhre
2 Frühlingszwiebeln
50 g Mungobohnensprossen
2 TL Koriandersamen
2 Rinderfiletsteaks (à ca. 120 g)
schwarzer Pfeffer aus der Mühle
2 EL Erdnussöl
Salz
2–3 EL helle Sojasauce
Zubereitung: 25 Min.
Pro Portion: ca. 280 kcal, 29 g EW, 15 g F, 5 g KH

1 Chinakohl und Möhre putzen. Möhre schälen und beides in feine Streifen schneiden. Frühlingszwiebeln putzen, waschen und in ca. 2 cm lange Stücke schneiden. Die Sprossen abbrausen und abtropfen lassen.

2 Den Koriander im Mörser zerstoßen. Die Steaks trocken tupfen, beidseitig mit Koriander und Pfeffer einreiben. 1 EL Öl in einer Pfanne erhitzen, die Steaks darin bei starker Hitze auf jeder Seite in ca. 1 Min. scharf anbraten. Die Hitze reduzieren, die Steaks auf jeder Seite noch 2–3 Min. braten. Herausnehmen, salzen und in Alufolie wickeln.

3 Das übrige Öl in der Pfanne erhitzen, das Gemüse darin unter Rühren ca. 2 Min. braten. Mit Sojasauce ablöschen und pfeffern. Das Gemüse zu den Steaks servieren.

Tipp **Wer möchte, kann Lammlachs und Rindersteaks bei 80° (siehe Info S. 83) im Backofen garen. Das Gemüse dann extra zubereiten und dazu servieren.**

Niedrigtemperatur-methode

Was ganz Besonderes: Braten, Geflügel oder Fisch kann man im Backofen bei 80° schonend garen – und dann zergeht alles auf der Zunge. Steaks oder Lammlachs würzen, in heißem Öl bei starker Hitze auf jeder Seite ca. 2 Min. anbraten, damit sich aromatische Röststoffe bilden. Dann auf dem Rost (ein Blech als Tropfschutz unterschieben) im heißen Ofen (Mitte) bei 80° in ca. 1 Std. garen. So wird das Fleisch saftig und rosa. Nichts kann anbrennen oder austrocknen.

Gratinierte Tatarbällchen

HERZHAFT UND GANZ EINFACH

Für 2 Personen
1 Bund Suppengrün
1 kleine Zwiebel
1 Knoblauchzehe
1 EL Olivenöl
2 TL Tomatenmark
200 g passierte Tomaten (Dose)
Salz | Pfeffer
200 g Tatar
1 EL Ricotta
1 Eigelb
1 EL feine Vollkorn-Haferflocken
50 g Edamer (30 % Fett i. Tr.)
½ Bund Petersilie
Zubereitung: 25 Min | Backen: 20 Min.
Pro Portion: ca. 375 kcal, 36 g EW, 19 g F, 15 g KH

1 Den Backofen auf 200° vorheizen. Suppengrün putzen oder schälen und klein würfeln. Zwiebel und Knoblauch schälen und klein würfeln. Öl in einem Topf erhitzen, Gemüse, Zwiebel und Knoblauch darin 2–3 Min. dünsten. Tomatenmark, Tomaten und 125 ml Wasser unterrühren. Die Sauce bei mittlerer Hitze ca. 10 Min. kochen lassen, dann salzen und pfeffern.

2 Inzwischen Tatar mit Ricotta, Eigelb, Haferflocken, Salz und Pfeffer verkneten. Aus der Masse mit feuchten Händen 8 Bällchen formen und in eine kleine Gratinform setzen. Die Tomatensauce darübergießen. Edamer grob raspeln und darüberstreuen. Die Bällchen im Ofen (Mitte, Umluft 180°) ca. 20 Min. backen. Petersilie waschen und trocken schütteln, die Blätter grob hacken und darüberstreuen.

Das schmeckt dazu Pro Person 1 Scheibe Vollkornbrot (ca. 40 g).

Hähnchenbrust auf Ofengemüse

no carb

PROVENCE-KRÄUTER SORGEN FÜR AROMA

Für 2 Personen
je 1 rote und gelbe Spitzpaprika (ca. 150 g)
1 kleiner Zucchino (ca. 200 g)
1 kleine Fenchelknolle
1 Knoblauchzehe
2 ½ EL Olivenöl
Salz | Pfeffer
2 TL Kräuter der Provence
2 Hähnchenbrustfilets (à ca. 150 g)
½ Bund Basilikum
Zubereitung: 30 Min.
Pro Portion: ca. 325 kcal, 35 g EW, 16 g F, 7 g KH

1 Den Backofen auf 220° (Umluft 200°) vorheizen. Ein Backblech mit Backpapier auslegen. Das Gemüse putzen und waschen. Die Paprikaschoten in 1–2 cm dicke Streifen, den Zucchino in ca. 1 cm dicke Scheiben schneiden. Den Fenchel in feine Spalten teilen. Knoblauch schälen und in Scheiben schneiden.

2 Das Gemüse in einer Schüssel mit 2 EL Öl, Salz, Pfeffer und den Kräutern der Provence vermischen. Das Gemüse auf dem Blech verteilen. Im Backofen (2. Schiene von unten) ca. 10 Min. braten.

3 Inzwischen die Hähnchenbrustfilets waschen und trocken tupfen. Übriges Öl in einer Pfanne erhitzen, die Filets darin ca. 2 Min. auf jeder Seite anbraten. Herausnehmen, salzen und pfeffern. Das Fleisch auf das Gemüse legen und ca. 10 Min. mitgaren. Basilikumblätter abzupfen, abreiben, grob zerzupfen und darüberstreuen.

Das schmeckt dazu Pro Person 2 Scheiben Vollkornbaguette (ca. 40 g).

KALTE KÜCHE

»Essen ist eine höchst ungerechte Sache: Jeder Bissen bleibt höchstens zwei Minuten im Mund, zwei Stunden im Magen, aber drei Monate an den Hüften.« Das hat der französische Modezar Christian Dior mal gesagt. Freilich: in einer Zeit vor GLYX. Auf den folgenden Seiten sorgen wir für Gerechtigkeit. Wir führen Sie weg von »Wurstbrot« und »Schnell-im-Biss« sicher durch die kalte Küche, durch den Balance-Akt zwischen Gaumenfreuden und Hüftfrust – mit Gemüse-Kräuter-Frittata, Räucherforellentatar, Pute tonnato, Grünem Bulgursalat, …

Kalte Küche

Die Wissenschaft hat festgestellt, dass ... mit »Gemüse satt« der Waagenzeiger fällt.

Restlos glücklich

Bleibt aus der Dose noch was übrig? Kokosmilch, weiße Bohnen, Kichererbsen, Linsen, Tomatenpüree kann man unverarbeitet einfrieren. Praktisch: Mittlerweile gibt es auch ein kleines Sortiment für den Mini-Haushalt – gehackte und pürierte Tomaten, Kokosmilch, Buttermilch, alles in 200-Gramm-Portionen. Praktisch für den Single- oder Zwei-Personen-Haushalt sind kleine Salatköpfe wie Mini-Römersalat und Chicorée, bei denen nichts übrig bleibt.

GLYX-to-go-Päckchen

Sie können kalte Gerichte gut vorbereiten und mit ins Büro nehmen. Nein, Sie müssen sich nicht genieren. Die Imbiss-Box liegt voll im Trend, man muss sie heutzutage nicht mehr auf den Knien unter dem Schreibtisch verstecken. Eine Thermoskanne hält Getränke und pürierte Suppen warm, Drinks bleiben kalt. In ein Twist-off-Glas passt das Lieblingsmüsli oder ein Obstsalat. Gemüsestifte transportiert man in der Frischhaltebox, Salat in der Salat-Frische-Box: Die Salatblätter ins Gefäß füllen, das Dressing ins Deckelfach. So lässt sich der »Salat to go« matschfrei genießen.

Die Wurstbrotkultur

4 Scheiben Brot plus 1 Brötchen, essen wir im Schnitt pro Tag. Das Brot essen wir nicht trocken – sondern mit Wurst. Während das Brot das Insulin lockt, wandert die Butter mit der Wurst in die Fettdepots, auf die Hüfte. Und bleibt dort liegen, weil wir ja den ganzen Tag über immer wieder in den Brotkorb greifen. Brot ist etwas Herrliches. Machen Sie Weißbrot zur köstlichen kleinen 30-Gramm-Beilage. Und essen Sie nicht mehr als 1–2 Scheiben Vollkornbrot (ideal mit Sauerteigführung).

Zeitmanagement

Für alles, was man täglich macht, sollte man sich überlegen, wie man es praktisch und schnell erledigt. Zum Beispiel Salat: Drei verschiedene Blattsalate waschen, in der Salatschleuder trocken schleudern, putzen und grob zerpflücken. Die Blätter luftig-locker in einen Frischhaltebeutel packen und verschließen. Hält sich im Gemüsefach des Kühlschranks 3–4 Tage. Bei Bedarf portionsweise mit einem Dressing servieren.

Warum soll man Zitrone auf Fisch oder Geflügel träufeln?

Vitamin C aus Zitrusfrüchten hilft, das Eiweiß zu verdauen. Es sorgt dafür, dass Aminosäuren dort ankommen, wo man sie braucht: in der Körperzelle.

Vorsicht Zuckerwasser!

Fruchtsaftgetränke, Fruchtnektar, Softdrinks, Eistees, Sportlergetränke haben einen hohen GLYX. Die sollten Sie meiden. Light-Produkte mit Süßstoff kommen nicht aus der Quelle Natur – passen nicht ins GLYX-Glas. Trinken Sie Tee oder Kaffee und alle Stunde ein Glas Wasser mit dem Saft ½ Zitrone drin. Gefiltertes Wasser aus dem Hahn, Mineralwasser – am besten ohne Kohlensäure. Gemüsesäfte haben einen niedrigen GLYX (außer Karotte und Rote Bete). Und bei Fruchtsäften dimmt man den GLYX noch ein bisschen runter, wenn man sie mit Buttermilch, Molke oder Wasser mixt.

Kleine Wunderwaffen für die Gesundheit und eine gute Figur: Zitronen und Kräutersalz.

Gemüse-Wissen

Gemüse können Sie essen so viel und so oft Sie wollen. Hülsenfrüchte liefern zwar Stärke, aber das macht ihr Eiweiß locker wett. Rote Bete, Kürbis und gekochte Karotten haben einen relativ hohen GLYX. Ruhig genießen – es muss ja nicht 1 Kilo sein. Ersetzen Sie den Zuckermais im Salat durch Bohnen. Das schmeckt auch und lockt weniger Insulin. Die Hälfte Ihres Gemüses sollten Sie täglich roh genießen. ½ Grapefruit vor dem Essen reguliert den Insulinspiegel runter. Genauso wie ein Salat mit Essig. Da lohnt es sich auf jeden Fall zum Gourmet zu werden. Haben Sie schon mal Feigenessig probiert, Holunderessig, Himbeeressig, ... ?

»Wir leben nicht, um zu essen; wir essen, um zu leben.«

Sokrates

GLYX-Bringer

Sie haben vom Kochen ein paar Kräuter übrig?

Dann ist höchste Zeit für ein Kräutersalz. 6 Zweige Thymian und je 2 Zweige Rosmarin und Salbei abbrausen und trocken schütteln, die Nadeln und Blätter grob hacken. Mit 150 g Meersalz im Mixer zermahlen. Das Salz in eine kleine Dose füllen. Schmeckt prima zu Fleisch, Fisch, Geflügel, Suppen. Auch in diesem Kapitel finden Sie Rezepte, die kaum Kohlenhydrate enthalten, die unter »no carb« fallen. Die können Sie abends als Joker einsetzen, wenn Sie mal über die Stränge geschlagen haben, oder wenn Sie ein bisschen schneller abnehmen wollen.

Gemüse & Käse im Glas

1 Bunte Paprika in Würzöl

no carb

Für 2 Gläser (à 500 ml) | Zubereitung: 30 Min.
Bei 8 Portionen pro Portion ca. 80 kcal, 1 g EW, 7 g F, 4 g KH
1 kg bunte Paprikaschoten | 4 Knoblauchzehen | 125 g kleine Schalotten | 250 ml Olivenöl | 250 ml Weißweinessig | 250 ml Gemüsebrühe | 2 TL Meersalz | 6 Zweige Thymian

Paprikaschoten halbieren, entkernen, waschen und in ca. 2,5 cm große Stücke schneiden. Knoblauch und Schalotten schälen. Das Öl in einem breiten Topf erhitzen. Schalotten, Knoblauch und Paprika darin ca. 2 Min. anbraten. Essig, Brühe, Salz und Thymian dazugeben und zugedeckt bei mittlerer Hitze ca. 5 Min. kochen lassen. Gemüse mit Kräutern in einem Sieb abtropfen lassen. In saubere Twist-off-Gläser füllen. Mit Schmorsud aufgießen. Gläser fest verschließen. Haltbarkeit: 3–4 Monate.

2 Oliven-Schafskäse in Öl

no carb

Für 3 Gläser (à 250 ml) | Zubereitung: 15 Min.
Pro Glas: ca. 340 kcal, 13 g EW, 32 g F, 1 g KH
200 g Schafskäse | 100 g grüne Peperoni (Glas) | 100 g schwarze Kalamata-Oliven (Glas) | 2 Zweige Rosmarin | 6 Wacholderbeeren | 500 ml Olivenöl

Den Käse trocken tupfen und ca. 2 cm groß würfeln. Peperoni und Oliven abtropfen lassen. Rosmarin abbrausen. Käse, Peperoni, Oliven, Rosmarin, Wacholderbeeren abwechselnd in Twist-off-Gläser schichten. Bis zum Glasrand mit Öl auffüllen. Gläser verschließen und im Kühlschrank 1 Woche ziehen lassen. Haltbarkeit: 2–3 Wochen

3 Eingelegte Chilizucchini

no carb

Für 3 Gläser (à 500 ml) | Zubereitung: 25 Min.
Bei 12 Portionen pro Portion ca. 20 kcal, 1 g EW, 0 g F, 3 g KH
1 kg Zucchini | 2 Knoblauchzehen | 2 rote Chilischoten | 2 Zweige Rosmarin | 2 TL Meersalz | 125 g Rohrohrzucker | 1 EL weiße Pfefferkörner | 6 EL Essigessenz (25 %)

Zucchini waschen, putzen, längs vierteln und in ca. 5 cm lange Stücke schneiden. Knoblauch schälen, in dünne Scheiben schneiden. Chilischoten putzen, waschen und in Ringe schneiden. Rosmarin abbrausen. ½ l Salzwasser aufkochen. Zucchinistücke und Knoblauch darin portionsweise ca. 3 Min. blanchieren, dann abtropfen lassen. In saubere Twist-off-Gläser schichten, Chiliringe und Rosmarin dazwischen stecken. Den Sud mit Zucker, Pfefferkörnern und Essig ca. 3 Min. kochen lassen, dann heiß über die Zucchinistücke gießen. Die Gläser gut verschließen. Haltbarkeit: 4–5 Wochen im Kühlschrank.

4 Japanische Mixed Pickles

Für 2 Gläser (à 375 ml) | Zubereitung: 30 Min.
Pro Glas: ca. 130 kcal, 5 g EW, 1 g F, 22 g KH
100 g Shiitakepilze | 1 Bio-Salatgurke | 250 g Rettich | 200 g Möhren | Meersalz | 40 g Ingwer | 100 ml Essigessenz (25 %) | 2 TL Rohrohrzucker

Die Pilze abreiben und die Stiele entfernen. Gurke schälen, längs halbieren. Rettich und Möhren putzen, schälen, längs halbieren. Mit Gurke in ca. 5 mm dünne Scheiben schneiden. Gemüse mischen, in kochendem Salzwasser ca. 2 Min. blanchieren, herausnehmen, abtropfen lassen. In Twist-off-Gläser schichten. Ingwer schälen, in Scheiben schneiden. ½ l Wasser, Essigessenz, 2 TL Meersalz, Ingwer und Zucker aufkochen lassen und über das Gemüse gießen. Gläser verschließen und kühl aufbewahren. Haltbarkeit: 6 Monate.

Gemüse einmachen

Nur vollreifes Gemüse von Top-Qualität verwenden, am besten aus kontrolliert biologischem Anbau. Praktisch sind Schraubgläser zum Füllen, auch Twist-off-Gläser genannt. Gläser mit Schraubringen und speziell beschichteten Deckeln schließen genauso luftdicht. Gläser, Deckel, Deckeleinlagen – alles, was mit dem Einmachgut in Berührung kommt, muss vorher gründlich gereinigt und kochend heiß nachgespült werden. Die Gläser sofort mit dem heißen Inhalt füllen und fest verschließen.

Eingemachtes aufbewahren

Kühl, trocken und dunkel sollte der Ort sein, an dem Eingemachtes gelagert wird – am besten eignet sich ein Regal im Keller oder Vorratsschrank. Dunkelheit schützt lichtempfindliche Vitamine, Farbe und Geschmack bleiben intensiver. Wenn der Glasinhalt dennoch schimmelt, gibt es nur eines: wegwerfen! Auf keinen Fall nur die verdorbene Stelle abnehmen. Angebrochene Gläser kühl stellen, bald verbrauchen – und beim Entnehmen picobello saubere Löffel verwenden!

Eiserne Reserve

Einkochen macht ewig haltbar! Entweder im Einkochtopf (ca. 45 Min. bei 95°) oder im Backofen: Gläser in die Fettpfanne des Ofens stellen, sodass sie sich nicht berühren. Blech 2–3 cm hoch mit heißem Wasser füllen. In den kalten Ofen (2. Schiene von unten) schieben. Temperatur auf 180° (Umluft 160°) einstellen. Sobald in den Gläsern Perlen aufsteigen, auf 150° reduzieren und den Inhalt in ca. 45 Min. sterilisieren. Die Gläser im ausgeschalteten Backofen ca. 30 Min. ruhen lassen.

Salatsauce auf Vorrat

Die Für-Salat-hab-ich-keine-Zeit-Ausrede gibt es nicht, wenn die Vinaigrette im Kühlschrank steht. Eine größere Menge anrühren, in eine Flasche oder Schraubglas füllen und kühl stellen. Dann kann man immer so viel abnehmen, wie man braucht. Das Gefäß dient als Mixbecher: Vor Gebrauch kräftig durchschütteln, damit sich die Zutaten wieder cremig miteinander verbinden. Wichtig: Nur haltbare Zutaten verarbeiten. Zwiebel, Knoblauch, Kräuter & Co. kommen zum Schluss frisch dazu.

Saucen für den Vorrat

1 Tomatenketchup (no carb)

Für 3 Gläser (à 300 ml; ca. 18 Portionen)
Zubereitung: 1 Std. 15 Min.
Pro Portion: ca. 50 kcal, 1 g EW, 0 g F, 10 g KH
2 kg reife Tomaten | 4 Zwiebeln | 50 g Ingwer | 4 Knoblauchzehen | 2 kleine rote Chilischoten | 2 Gewürznelken | je 2 TL Fenchel- und Koriandersamen | Salz | schwarzer Pfeffer aus der Mühle | 250 ml Rotweinessig | 100 g Rohrohrzucker

Die Tomaten waschen und würfeln. Zwiebeln schälen und würfeln. Ingwer und Knoblauch schälen und fein hacken. Chilischoten putzen, waschen und mit den Kernen in Ringe schneiden. Die Gewürze im Mörser grob zerstoßen. Mit Tomaten, Zwiebeln, Ingwer, Knoblauch und Chilischoten in einen Topf geben, salzen und pfeffern. Essig und Zucker dazugeben. Alles aufkochen und offen bei schwacher Hitze ca. 30 Min. kochen lassen. Das Gemüse pürieren und durch ein Sieb streichen. Den Ketchup offen bei mittlerer Hitze 10 Min. einkochen lassen. Randvoll in saubere Flaschen füllen, verschließen. Haltbarkeit: 3 Monate im Kühlschrank.

2 Auberginen-Paprikamark (no carb)

Für 2 Gläser (à 300 ml) | Zubereitung: 25 Min.
Bei 12 Portionen pro Portion: ca. 10 kcal, 1 g EW, 0 g F, 2 g KH
500 g rote Paprikaschoten | 500 g Auberginen | Salz | Pfeffer | 2 TL frisch gepresster Zitronensaft

Paprikaschoten halbieren, entkernen und waschen. Auberginen waschen, putzen und halbieren. Beides mit der Hautseite nach oben auf ein Blech legen. Unter dem vorgeheizten Backofengrill ca. 15 Min. rösten, bis die Haut schwarz wird und Blasen wirft. Paprikahälften etwas abkühlen lassen, dann die Haut abziehen. Auberginenfleisch aus der Schale löffeln. Paprika und Aubergine fein pürieren, mit Salz, Pfeffer und Zitronensaft würzen. In einem Topf offen bei schwacher Hitze ca. 5 Min. einkochen lassen, ab und zu umrühren. Das Mark in saubere Twist-off-Gläser füllen. Sofort verschließen. Haltbarkeit: ca. 2 Wochen an einem kühlen Ort.

Tipp **Das Mark als Grundlage für Saucen, Quark, Dips oder Brotaufstriche verwenden.**

3 GLYX-Vinaigrette (no carb)

Für 1 Flasche oder Glas (400 ml; ca. 24 Portionen)
Zubereitung: 10 Min.
Pro Portion (2 EL): ca. 120 kcal, 0 g EW, 13 g F, 0 g KH
125 ml Weißweinessig | ¼ TL Salz | ¼ TL schwarzer Pfeffer | 3 TL Dijon-Senf | 125 ml Olivenöl | 125 ml Rapsöl | 6 EL Lein- oder Walnussöl

Essig mit Salz, Pfeffer und Senf verrühren. Unter Rühren nach und nach Oliven- und Rapsöl sowie Lein- oder Walnussöl unterschlagen. So lange weiterrühren, bis eine cremige Sauce entsteht.
In eine Flasche oder ein Twist-off-Glas füllen und verschließen. Haltbarkeit: 2–3 Wochen im Kühlschrank.

Tipp **Die Essig-Öl-Sauce ist im Schüttelbecher (Salat-Shaker) oder mit dem Pürierstab für den Gebrauch im Nu aufgeschlagen.**

Varianten Für 4 Portionen à 2 EL 1 EL frisch gehackte Kräuter, z. B. Schnittlauch, Petersilie, Basilikum, und 1 EL Schalottenwürfel dazugeben. Oder: 1 EL gehackte Walnüsse, Mandeln, Erdnüsse oder Pinienkerne untermischen; 1 EL fein gehackte Kapern, 1 gehacktes Sardellenfilet und 1 TL edelsüßes Paprikapulver zufügen; 2 EL Joghurt, Kefir oder Buttermilch unterschlagen.

Erfrischend – eiskalte Suppen

1 Gurken-Kaltschale no carb

Für 2 Personen | Zubereitung: 20 Min.
Pro Portion: ca. 150 kcal, 7 g EW, 9 g F, 9 g KH
1 Salatgurke (ca. 400 g) | 50 g Rucola | 1 Frühlingszwiebel | 250 g Buttermilch | 1 EL frisch gepresster Zitronensaft | 1 EL Olivenöl | Salz | Pfeffer | 1 EL Mandelblättchen

Gurke schälen, längs halbieren, entkernen und grob würfeln. Rucola putzen, waschen, trocken schütteln und bis auf ein paar Blätter zum Garnieren hacken. Frühlingszwiebel putzen und waschen, das Weiße und Hellgrüne fein schneiden. Gurke, Rucola und Frühlingszwiebel mit Buttermilch, 5 EL Wasser, Zitronensaft und Öl im Mixer fein pürieren. Salzen und pfeffern. Die Suppe anrichten, mit Mandeln bestreuen und mit dem übrigen Rucola garnieren.

2 Tomaten-Chilisuppe no carb

Für 2 Personen | Zubereitung: 20 Min.
Pro Portion: ca. 230 kcal, 9 g EW, 18 g F, 5 g KH
2 Tomaten | 1 kleine rote Paprikaschote | 1 dünne Stange Staudensellerie | 1 kleine Zwiebel | 1 rote Chilischote | 2 EL Olivenöl | 400 ml Gemüsefond (Glas; oder Gemüsebrühe | Salz | Pfeffer | 2 TL Chilipulver | 10 kleine Mozzarellkugeln (ca. 75 g) | 4 Basilikumblätter

Tomaten waschen, grob würfeln. Paprikaschote halbieren, entkernen, waschen. Sellerie waschen und putzen. Beides fein würfeln. Zwiebel schälen und fein hacken. Chilischote längs halbieren, entkernen, waschen, würfeln. Tomaten, Paprika und Sellerie, Zwiebel und Chili mit Öl und Fond fein pürieren. Mit Salz, Pfeffer und Chilipulver würzen. Suppe mit Mozzarellakugeln und Basilikum garnieren.

3 Geeiste Paprikasuppe

Für 2 Personen | Zubereitung: 30 Min.
Pro Portion: ca. 270 kcal, 18 g EW, 15 g F, 12 g KH
400 g gelbe Paprikaschoten | 1 Stück Ingwer (walnussgroß) | 1 Knoblauchzehe | 1 EL Olivenöl | 2 EL frisch gepresster Zitronensaft | 1 EL weißer Aceto balsamico | Salz | Pfeffer | 125 g Kefir | 5 zerstoßene Eiswürfel | 125 g Hähnchenbrustfilet | 1 TL Currypulver | 1 EL Rapsöl | Holzspieße

Paprikaschoten halbieren, entkernen, waschen und klein würfeln. Ingwer und Knoblauch schälen und fein würfeln. Öl erhitzen, Paprikawürfel, Ingwer und Knoblauch darin unter Rühren ca. 3 Min. dünsten. Mit Zitronensaft und Essig ablöschen, salzen und pfeffern. Vom Herd nehmen. Kefir und Eis dazugeben und alles fein pürieren. Fleisch trocken tupfen, ca. 1 cm groß würfeln und auf Holzspieße stecken. Mit Salz, Pfeffer und Currypulver würzen. Öl erhitzen, die Spieße darin bei schwacher Hitze in ca. 10 Min. goldbraun braten. Spieße zur Suppe servieren.

4 Pikante Joghurtsuppe

Für 2 Personen | Zubereitung: 20 Min.
Pro Portion: ca. 250 kcal, 8 g EW, 18 g F, 11 g KH
150 g Auberginen | Salz | 400 g Joghurt | 2 EL saure Sahne | 2 EL Olivenöl | 1 EL frisch gepresster Zitronensaft | Pfeffer | ½ TL gemahlener Kreuzkümmel | ½ TL abgeriebene Schale von 1 Bio-Zitrone | 2 EL grob gehackte Petersilie | ½ TL Chiliflocken (oder Cayennepfeffer)

Auberginen waschen, putzen, ca. 1 cm klein würfeln und salzen. Joghurt, saure Sahne, 5 EL Wasser, 1 EL Öl und Zitronensaft verrühren. Suppe mit Salz, Pfeffer, Kreuzkümmel und Zitronenschale würzen und kalt stellen. Auberginen trocken tupfen. Übriges Öl erhitzen, Auberginenwürfel darin unter Wenden bei mittlerer Hitze in 3–4 Min. goldbraun braten. Suppe anrichten, Auberginenwürfel, Petersilie und Chiliflocken darübergeben.

1
4
3
2

Bauernsalat mit Halloumi

no carb

WÜRZIG MIT ZYPERNS KÄSESPEZIALITÄT

Für 2 Personen
200 g Halloumi (siehe Tipp unten)
2 EL Olivenöl
1 TL getrockneter Oregano
schwarzer Pfeffer aus der Mühle
2 Frühlingszwiebeln
6 kleine Strauchtomaten
½ Bio-Salatgurke (ca. 200 g)
2 eingelegte grüne Peperoni
8 schwarze Oliven mit Stein
2 EL frisch gepresster Zitronensaft
Salz
Zubereitung: 25 Min.
Pro Portion: ca. 490 kcal, 25 g EW, 39 g F, 9 g KH

1 Halloumi in ca. 1 cm dicke Scheiben schneiden. 1 EL Olivenöl, Oregano und Pfeffer verrühren, den Käse darin wenden und ca. 10 Min. marinieren.

2 Inzwischen Frühlingszwiebeln putzen, waschen und in feine Ringe schneiden. Tomaten waschen, ohne die Stielansätze vierteln. Gurke waschen und in dünne Scheiben schneiden. Peperoni abtropfen lassen, in ca. 1 cm dünne Ringe schneiden. Frühlingszwiebeln, Tomaten, Gurke, Peperoni und Oliven anrichten. Zitronensaft, Salz, Pfeffer und übriges Öl verrühren und darüberträufeln.

3 Eine Grillpfanne erhitzen, Halloumi trocken tupfen und darin auf jeder Seite in 2–3 Min. goldbraun braten. Zum Salat servieren.

Tipp Halloumi, der halbfeste Käse aus Kuh-, Schaf- und Ziegenmilch, ist in türkischen Lebensmittelläden und im gut sortierten Supermarkt erhältlich. Geschmacklich erinnert er an Mozzarella und Tofu. Beim Grillen behält er seine Form.

Ziegenkäse auf Salat

KNACKIG-FRISCH UND FRUCHTIG

Für 2 Personen
2 runde reife Ziegenkäse (à ca. 70 g)
1 TL flüssiger Akazienhonig
1 TL frisch gehackter Rosmarin
1 EL Pinienkerne
100 g gemischte Salatblätter (z. B. Frisée, Rucola, Eichblattsalat)
1 kleiner reifer Pfirsich (oder Nektarine)
1 Schalotte
2 EL weißer Aceto balsamico
Salz | schwarzer Pfeffer aus der Mühle
1 EL Olivenöl
4 EL Gemüsefond (Glas; oder Gemüsebrühe)
Zubereitung: 25 Min.
Pro Portion: ca. 340 kcal, 17 g EW, 24 g F, 14 g KH

1 Den Backofen auf 200° (Umluft 180°) vorheizen. Die Ziegenkäse in eine kleine Gratinform legen. Mit Honig beträufeln, mit Rosmarin und Pinienkernen bestreuen. Im Backofen (2. Schiene von unten) 5–8 Min. backen.

2 Inzwischen die Salatblätter waschen, trocken schütteln und in mundgerechte Stücke zerpflücken. Den Pfirsich waschen, halbieren, entsteinen und in kleine Würfel schneiden. Die Schalotte schälen und fein hacken.

3 Essig, Salz und Pfeffer verrühren. Öl und Fond unterschlagen. Pfirsichwürfel und Zwiebel untermischen. Salat auf Teller verteilen, mit Pfirsich-Vinaigrette beträufeln. Käse darauf anrichten.

Tipp Gibt es keine frischen Pfirsiche? Dann stattdessen 2 reife Tomaten vierteln, entkernen, würfeln und unter die Vinaigrette rühren.

Kichererbsensalat mit Tomaten

FRISCH, LEICHT, MIT CURRY-KICK

Für 2 Personen
130 g Kichererbsen (Dose)
2 mittelgroße Tomaten
125 g zarter Blattspinat (oder aufgetauter TK-Blattspinat)
1 kleine rote Zwiebel
1 Knoblauchzehe
2 EL Olivenöl
1–2 TL scharfes Currypulver
2 EL frisch gepresster Zitronensaft
Salz | Pfeffer
2 hart gekochte Eier
Zubereitung: 25 Min.
Pro Portion: ca. 250 kcal, 12 g EW, 17 g F, 11 g KH

1 Kichererbsen abbrausen und abtropfen lassen. Tomaten waschen, halbieren und die Stielansätze entfernen. Tomaten entkernen und klein würfeln. Spinat putzen, waschen und trocken schütteln.

2 Zwiebel und Knoblauch schälen und fein würfeln. Öl erhitzen, beides darin glasig dünsten. Mit Currypulver bestäuben und kurz anschwitzen, mit Zitronensaft ablöschen. Mit Salz und Pfeffer würzen.

3 Kichererbsen, Tomaten und Spinat mit dem Würzmix vermengen. Mit Salz und Pfeffer abschmecken. Eier pellen, klein würfeln und über den Salat streuen.

Variante 130 g weiße Riesenbohnen (Dose) abtropfen lassen. 100 g Staudensellerie putzen, waschen und schräg in Scheiben schneiden. 150 g Kirschtomaten waschen und halbieren. 1 EL Weißweinessig, Salz, schwarzen Pfeffer und 2 EL Olivenöl verrühren. Bohnen und Gemüse unterheben. 2 Räuchermakrelenfilets (à ca. 125 g) häuten und mit dem Bohnensalat anrichten.

Linsen-Apfel-Salat

SÄTTIGEND UND SCHNELL GEMACHT

Für 2 Personen
50 g rote Linsen
Salz
2 Frühlingszwiebeln
1 kleiner roter Apfel
1 kleiner Radicchio
2 EL Apfelessig
schwarzer Pfeffer aus der Mühle
1 TL Apfeldicksaft
2 EL Olivenöl
80 g Hähnchenbrust-Aufschnitt
1 EL Schnittlauchröllchen
Zubereitung: 25 Min.
Pro Portion: ca. 270 kcal, 16 g EW, 12 g F, 22 g KH

1 Die Linsen in kochendem Salzwasser zugedeckt bei schwacher Hitze 6–7 Min. kochen lassen. Inzwischen die Frühlingszwiebeln putzen und waschen, das Hellgrüne in feine Ringe schneiden, das Weiße fein würfeln. Den Apfel waschen, achteln und entkernen, die Achtel quer in feine Scheiben schneiden. Radicchio waschen, halbieren, vom Strunk befreien und in Streifen schneiden.

2 Essig, Salz, Pfeffer, Apfeldicksaft und Öl verrühren. Linsen in einem Sieb abtropfen lassen, dabei 5 EL Kochwasser auffangen und unter das Dressing rühren. Linsen, Frühlingszwiebeln, Apfel und Radicchio unterheben, salzen und pfeffern.

3 Den Salat anrichten. Den Hähnchenbrust-Aufschnitt in feine Streifen schneiden und mit dem Schnittlauch über den Salat streuen.

Hülsenfrüchte

Mit Ausnahme der Linsen muss man getrocknete Hülsenfrüchte vor dem Kochen 6–12 Stunden einweichen, damit sie genießbar werden. Dann garen sie zwar kürzer, aber immer noch lange – Bohnen je nach Sorte 1–2 Stunden, Kichererbsen 60–90 Minuten, Tellerlinsen sind nach 45 Minuten weich, rote und Le-Puy-Linsen schon nach 10–20 Minuten. Wer Zeit hat, kocht am besten verschiedene Sorten vor und friert sie portionsweise ein. Sponti-Köche machen einfach eine Dose mit Hülsenfrüchten auf.

Sommersalat mit Tofu-Croûtons

ROHKOST AUF ASIATISCHE ART

no carb

Für 2 Personen
150 g fester Tofu
2 EL helle Sojasauce
125 g gemischte Salatblätter (z. B. Bataviasalat, Feldsalat, Lollo rosso)
5 Radieschen
100 g Rettich
50 g Mungobohnensprossen
2 EL Weißweinessig
Salz | Pfeffer
1 TL Sesamöl
2 EL Rapsöl
Zubereitung: 30 Min.
Pro Portion: ca. 210 kcal, 10 g EW, 17 g F, 5 g KH

1 Den Tofu trocken tupfen, in ca. 1,5 cm große Würfel schneiden. Mit der Sojasauce beträufeln.

2 Die Salatblätter waschen, trocken schütteln und mundgerecht zerpflücken. Die Radieschen putzen, waschen und in Scheiben schneiden. Den Rettich schälen, längs vierteln und ebenfalls in dünne Scheiben schneiden. Die Sprossen abbrausen und in einem Sieb abtropfen lassen.

3 Den Essig mit 3 EL Wasser, Salz, Pfeffer, Sesamöl und 1 EL Rapsöl verrühren. Salat mit Radieschen, Rettich und Sprossen mischen und auf Tellern anrichten. Das Dressing darüberträufeln.

4 Den Tofu abtropfen lassen. Das übrige Öl in einer beschichteten Pfanne erhitzen, den Tofu darin auf allen Seiten ca. 1 Min. anbraten. Tofu auf den Salat geben und mit der übrigen Marinade beträufeln.

Tipp **Wer es sehr eilig hat, kann eine fertige Salatmischung aus dem Kühlregal verwenden.**

Scharfer Cole Slaw

no carb

CREMIG MIT TOFU-DRESSING

Für 2 Personen
250 g Spitzkohl
Salz
1 kleine Möhre
2 Frühlingszwiebeln
100 g Seidentofu (Reformhaus)
2 EL Joghurt
1 TL Wasabipaste (oder Meerrettich aus dem Glas)
1–2 EL frisch gepresster Limettensaft
Pfeffer
½ Bund Schnittlauch
Zubereitung: 25 Min.
Pro Portion: ca. 100 kcal, 8 g EW, 4 g F, 7 g KH

1 Den Spitzkohl waschen, putzen und den Strunk entfernen. Den Kohl in ca. 5 mm feine Streifen schneiden. Mit ½ TL Salz in eine Schüssel geben und ca. 5 Min. mit den Händen kneten.

2 Die Möhre putzen, schälen und grob raspeln. Die Frühlingszwiebeln waschen und putzen, die weißen und hellgrünen Teile in streichholzfeine Streifen schneiden.

3 Für das Dressing Tofu, Joghurt und Wasabipaste mit dem Pürierstab aufschlagen. Mit Limettensaft, Salz und Pfeffer würzen. Die Spitzkohlstreifen, Frühlingszwiebeln und Möhrenraspel untermischen. Schnittlauch abbrausen, trocken schütteln, in Röllchen schneiden und über den Salat streuen.

Tipp **Spitzkohl ist sehr robust und behält im Kühlschrank für einige Stunden seinen Biss. Der Salat lässt sich daher prima vorbereiten – zum Beispiel am Vorabend fürs Büro oder in größeren Mengen für ein Party-Büfett.**

Getreide für die Blitzküche

Getreideprodukte, zum Beispiel Parboiled-Naturreis, Zartweizen und grob gemahlener Schrot wie Bulgur (aus Hartweizen) sind eine gute Alternative zu Körnern mit langen Kochzeiten wie Weizen, Dinkel und Roggen. Die »Kurzzeitgarer« in die siedende Flüssigkeit geben, aufkochen und 10–20 Minuten quellen lassen, fertig! Couscous gibt es als vorgegartes Instant-Produkt und kommt ohne Kochen aus: einfach mit etwas heißer Flüssigkeit quellen lassen. Danach die Körner mit einer Gabel auflockern.

Grüner Bulgursalat

SAFTIG UND MINZEFRISCH

Für 2 Personen
80 g Bulgur
200 ml Gemüsebrühe
150 g Zucchini
3 Frühlingszwiebeln
2 EL frisch gepresster Zitronensaft
1 TL flüssiger Akazienhonig
Salz | schwarzer Pfeffer aus der Mühle
2 EL Olivenöl
je 4 Stiele Petersilie und Minze
80 g Schafskäse (Feta)
Zubereitung: 20 Min.
Pro Portion: ca. 360 kcal, 14 g EW, 18 g F, 34 g KH

1 Bulgur nach Packungsangabe in der kochenden Brühe garen, abgießen und kurz abkühlen lassen. Inzwischen die Zucchini waschen, putzen und in feine Stifte schneiden oder grob raspeln. Frühlingszwiebeln putzen und waschen, die weißen und hellgrünen Teile in feine Ringe schneiden.

2 Zitronensaft mit Honig, Salz, Pfeffer und Öl verrühren. Zucchini, Frühlingszwiebeln und Bulgur untermischen. Petersilie und Minze abbrausen und trocken schütteln, die Blätter grob hacken und untermischen. Feta zerbröckeln und darüberstreuen.

Variante 80 g Instant-Couscous mit 80 ml kochender Gemüsebrühe übergießen, ca. 5 Min. quellen lassen. 200 g Bio-Salatgurke waschen, längs halbieren, entkernen und würfeln. 2 Tomaten waschen, vierteln, entkernen und würfeln. ½ Bund Petersilie abbrausen und trocken schütteln, die Blätter hacken. Couscous auflockern, mit je 2 EL frisch gepresstem Zitronensaft und 2 EL Olivenöl, Gurke, Tomaten und Petersilie mischen. 80 g zerbröckelten Ziegenfrischkäse darüberstreuen.

Gemüse-Reissalat

LEICHTE, BEKÖMMLICHE BÜROMAHLZEIT

Für 2 Personen
80 g Parboiled-Naturreis
Salz
150 g Brokkoli
1 kleine Möhre
100 g Schalotten
2 EL Weißweinessig
schwarzer Pfeffer aus der Mühle
2 EL Olivenöl
60 g magerer Kochschinken
3–4 Stiele Basilikum
Zubereitung: 30 Min.
Pro Portion: ca. 300 kcal, 12 g EW, 12 g F, 37 g KH

1 Den Reis nach Packungsangabe in Salzwasser bissfest garen. Inzwischen den Brokkoli waschen, putzen und in kleine Röschen teilen. Die Möhre putzen, schälen und in feine Streifen schneiden. Die Schalotten schälen und in Spalten schneiden. Ca. 5 Min. bevor der Reis gar ist, Brokkoli, Möhre und Schalotten dazugeben und bis zum Schluss mitgaren. Die Reis-Gemüse-Mischung in einem Sieb abtropfen lassen.

2 Den Essig mit Salz, Pfeffer und Öl verrühren. Die Reismischung in dem Dressing wenden. Schinken in feine Streifen schneiden und unterheben. Den Salat mit Salz und Pfeffer kräftig würzen. Die Basilikumblätter abzupfen, abreiben und darüberstreuen.

Tipp **Zum Mitnehmen den Salat am Vorabend zubereiten und abgedeckt in den Kühlschrank stellen. Den Schinken extra verpacken und am Arbeitsplatz dazu servieren.**

Handkäse mit Vinaigrette

no carb

HERZHAFT UND FRISCH ZUGLEICH

Für 2 Personen
8 Radieschen (ca. 120 g)
200 g Harzer Käse
2 Mini-Römersalate
1 kleine rote Zwiebel
4 EL Apfelessig
Salz | Pfeffer
1 TL flüssiger Akazienhonig
2 EL Rapsöl
2 EL Schnittlauchröllchen
Zubereitung: 20 Min.
Pro Portion: ca. 270 kcal, 33 g EW, 11 g F, 8 g KH

1 Die Radieschen putzen und waschen. Radieschen und Käse in dünne Scheiben schneiden. Salat längs vierteln, in Streifen schneiden. Zwiebel schälen, halbieren und in feine Streifen schneiden. Radieschen, Käse, Salat und Zwiebel auf Teller verteilen.

2 Essig mit 2 EL Wasser, Salz, Pfeffer, Honig und Öl glatt rühren und über den Salat träufeln. Den Salat mit dem Schnittlauch bestreut servieren.

Das schmeckt dazu Pro Person 1 Scheibe Roggen-Sauerteigbrot (ca. 50 g).

Variante

Für **Limburger mediterran** 150 g Limburger und 8 grüne Oliven ohne Stein in Scheiben schneiden. 1 rote Spitzpaprika halbieren, entkernen, waschen und würfeln. 1 kleine weiße Zwiebel schälen und klein würfeln. Käse und Gemüse anrichten. 2 EL weißen Aceto balsamico mit 2 EL Wasser, Salz, Pfeffer und 2 EL Olivenöl verrühren und darüberträufeln. Die Blätter von 2–3 Stielen Basilikum abzupfen, abreiben und darüberstreuen.

Fetaspieße mit Zaziki

GRIECHISCH INSPIRIERT

Für 2 Personen
60 g Roggen-Vollkornbaguette (vom Vortag)
2 TL + 1 EL Olivenöl
100 g Schafskäse (Feta)
1 gelbe oder orangefarbene Spitzpaprika (ca. 80 g)
8 Kirschtomaten
8 schwarze Oliven ohne Stein
2 EL frisch gepresster Zitronensaft
Salz | Pfeffer
2 Stiele Petersilie
1 Mini-Gurke (ca. 150 g)
150 g Joghurt
4 lange Holzspieße
Zubereitung: 25 Min.
Pro Portion: 380 kcal, 15 g EW, 24 g F, 23 g KH

1 Das Brot in ca. 2 cm große Würfel schneiden. 1 TL Öl in einer beschichteten Pfanne erhitzen, das Brot darin 3–4 Min. rösten, zwischendurch wenden.

2 Inzwischen den Feta ca. 2 cm groß würfeln. Die Paprikaschote halbieren, entkernen, waschen und in Stücke schneiden. Die Tomaten waschen. Brot, Feta, Paprika, Tomaten und Oliven abwechselnd auf die Spieße stecken.

3 Zitronensaft mit Salz, Pfeffer und 1 EL Öl verrühren. Petersilie abbrausen und trocken schütteln, die Blätter fein hacken und unterrühren. Die Spieße mit der Marinade beträufeln, ziehen lassen.

4 Die Gurke waschen und abtrocknen, mit der Schale grob raspeln und salzen. Gurkenraspel ausdrücken, mit Joghurt, Pfeffer und 1 TL Öl verrühren, extra zu den Spießen servieren.

Gemüse-Kräuter-Frittata

SAFTIG UND ZUM ANBEISSEN LECKER

no carb

Für 2 Personen
100 g Aubergine
je ½ rote und gelbe Paprikaschote
3 Eier
2 EL Frischkäse (ca. 20 % Fett i. Tr.)
25 g italienische TK-Kräutermischung
Salz | Pfeffer
1 EL Olivenöl
100 g Joghurt
2 TL frisch gepresster Zitronensaft
40 g Lachsschinken
Zubereitung: 30 Min.
Pro Portion: ca. 265 kcal, 19 g EW, 18 g F, 5 g KH

1 Die Aubergine waschen, putzen, längs vierteln und in ca. 5 mm dünne Scheiben schneiden. Die Paprikahälften halbieren, entkernen, waschen und in ca. 1,5 cm große Würfel schneiden.

2 Die Eier mit Frischkäse, gefrorenen Kräutern, Salz und Pfeffer in ein hohes Gefäß geben und mit dem Schneebesen gründlich verrühren.

3 Das Öl in einer beschichteten Pfanne (24 cm Ø) erhitzen. Gemüse darin bei mittlerer Hitze ca. 5 Min. dünsten. Die Eiermischung dazugeben und zugedeckt bei schwacher Hitze in 5–8 Min. stocken lassen. Frittata einmal wenden und auf der anderen Seite offen 2–3 Min. braten. Vorsichtig auf einen großen Teller gleiten und abkühlen lassen.

4 Joghurt mit Salz, Pfeffer und Zitronensaft verrühren. Frittata in Achtel schneiden und mit Lachsschinken belegen. Den Joghurt dazu servieren.

Das schmeckt dazu Pro Person 1 Scheibe Vollkornbrot (ca. 50 g).

Eiersalat mit Champignons

no carb

PERFEKT FÜR MITTAGS

Für 2 Personen
3 Eier
50 g Zuckerschoten (oder TK-Erbsen)
Salz
1 kleiner Radicchio
100 g Champignons
125 g Kirschtomaten
100 g Dickmilch
2 EL Milch
1 TL geriebener Meerrettich (Glas)
2 TL frisch gepresster Zitronensaft
schwarzer Pfeffer aus der Mühle
½ Kästchen Gartenkresse
Zubereitung: 25 Min.
Pro Portion: ca. 185 kcal, 16 g EW, 10 g F, 8 g KH

1 Die Eier in kochendem Wasser in 10 Min. hart kochen. Herausnehmen, abschrecken und abkühlen lassen. Inzwischen die Zuckerschoten in kochendem Salzwasser 2–3 Min. kochen, dann herausnehmen, abschrecken und abtropfen lassen.

2 Inzwischen den ganzen Radicchio waschen, halbieren und den Strunk entfernen. Die Hälften in bandnudelbreite Streifen schneiden. Champignons putzen, abreiben und in dünne Scheiben schneiden. Tomaten waschen und halbieren.

3 Dickmilch mit Milch, Meerrettich, Zitronensaft, Salz und Pfeffer verrühren. Zuckerschoten, Radicchio, Champignons und Tomaten vorsichtig darin wenden. Den Salat auf Tellern anrichten. Die Eier pellen, halbieren und auf den Salat legen. Kresse abschneiden und darüberstreuen.

Das schmeckt dazu Pro Person 1 Scheibe Pumpernickel (ca. 40 g).

Räucher-forellentatar

no carb

IDEAL KOMBINIERT MIT CHICORÉE

Für 2 Personen
125 g Räucherforellenfilet (küchenfertig; ohne Haut)
1 Handvoll Kerbel (oder 4 Stiele Petersilie)
1 kleine Schalotte
1 EL frisch gepresster Zitronensaft
1 EL Olivenöl
1 EL saure Sahne
Salz | Pfeffer
1 EL Pinienkerne
1 Chicorée
1 mittelgroße Tomate (nach Belieben)
Zubereitung: 20 Min.
Pro Portion: ca. 180 kcal, 15 g EW, 11 g F, 5 g KH

1 Das Forellenfilet in kleine Würfel schneiden. Den Kerbel abbrausen und trocken schütteln, einige Stiele beiseitelegen und den Rest fein hacken. Die Schalotte schälen und fein würfeln. Zitronensaft, Öl und saure Sahne verrühren, mit Salz und Pfeffer würzen. Forelle, Schalotte und Kerbel untermischen.

2 Die Pinienkerne in einer Pfanne ohne Fett bei mittlerer Hitze goldbraun rösten, dann herausnehmen und abkühlen lassen.

3 Chicorée waschen, putzen, die Blätter ablösen und auf Tellern außen anordnen. Das Tatar als Häufchen (eventuell mit einem Eisportionierer formen) in die Mitte setzen. Die Tomate waschen und den Stielansatz entfernen. Nach Belieben die Tomate halbieren, entkernen, klein würfeln und mit Pinienkernen über das Tatar streuen. Mit übrigem Kerbel garnieren.

Das schmeckt dazu Pro Portion 1 Scheibe Vollkornbrot (ca. 50 g).

Dill-Matjes mit Gurkensalat

no carb

LEICHT UND ERFRISCHEND

Für 2 Personen
2 Matjesfilets (ca. 120 g)
½ Bund Dill
1 Bio-Salatgurke (ca. 300 g)
2 EL weißer Aceto balsamico
Salz | Pfeffer
1 EL Rapsöl
100 g Magerquark
2 EL Joghurt
1 kleine rote Zwiebel
2 Cornichons
Zubereitung: 20 Min.
Pro Portion: ca. 290 kcal, 19 g EW, 20 g F, 9 g KH

1 Die Matjesfilets trocken tupfen. Dill abbrausen und trocken schütteln, die Dillspitzen fein hacken. Den Matjes beidseitig im Dill wenden.

2 Die Gurke waschen, abtrocknen, längs halbieren, entkernen und in streichholzlange Stifte schneiden. Essig mit Salz, Pfeffer und Öl verrühren, die Gurkenstifte darin wenden.

3 Den Quark mit dem Joghurt cremig rühren, mit Salz und Pfeffer würzen. Die Zwiebel schälen und fein hacken. Die Cornichons klein würfeln. Beides unter den Quark mischen. Die Dill-Matjes mit dem Gurkensalat und Quarkdip anrichten.

Das schmeckt dazu Pro Portion 1 Scheibe Pumpernickel (ca. 40 g).

Tipp **Ideal zum Mitnehmen ins Büro: Statt im Ganzen kann man die Matjesfilets auch schräg in Streifen schneiden, mit den übrigen Zutaten mischen und als Salat servieren.**

Lachs-Carpaccio mit Rettich

no carb

GLÜCK IM DOPPELPACK – LACHS & CHILI

Für 2 Personen
2 EL frisch gepresster Limettensaft
½ TL abgeriebene Schale von 1 Bio-Limette
1 EL Weißweinessig
1 TL geriebener Meerrettich (Glas)
Salz | schwarzer Pfeffer aus der Mühle
2 EL Olivenöl
200 g ganz frisches Lachsfilet (ohne Haut)
100 g Rettich
100 g Kirschtomaten
2 rote Chilischoten
3–4 Stiele Koriandergrün (oder ½ Kästchen Kresse)
Zubereitung: 25 Min.
Pro Portion: ca. 320 kcal, 20 g EW, 25 g F, 3 g KH

1 Limettensaft und -schale mit Essig, Meerrettich, Salz, Pfeffer und Öl verrühren. Den Lachs schräg in sehr dünne Scheiben schneiden, in eine flache Schale legen, mit zwei Dritteln der Vinaigrette beträufeln. Abgedeckt ca. 10 Min. kalt stellen.

2 Inzwischen den Rettich schälen und auf dem Gemüsehobel in dünne Scheiben hobeln. Die Tomaten waschen und in dünne Scheiben schneiden. Die Chilischoten längs halbieren, entkernen, waschen und fein würfeln. Das Koriandergrün abbrausen und trocken schütteln, die Blätter abzupfen.

3 Rettich und Tomaten abwechselnd auf Teller verteilen. Den Lachs samt Marinade dazugeben. Mit der übrigen Vinaigrette beträufeln, mit Chili und den Korianderblättern bestreuen.

Das schmeckt dazu Pro Person 1 Scheibe Vollkornbrot oder 1 Roggen-Vollkornbrötchen (ca. 50 g).

Variante Rinderfilet-Carpaccio

no carb

Für 2 Personen
200 g Rinderfilet, 100 g kleine Champignons, 2 EL frisch gepresster Zitronensaft, 2 TL Aceto balsamico, Salz, Pfeffer, 2 EL Olivenöl, 1 EL Schnittlauchröllchen, 20 g Parmesan am Stück
Pro Portion: ca. 270 kcal, 26 g EW, 17 g F, 2 g KH

Das Rinderfilet ca. 20 Min. ins Tiefkühlfach legen. Inzwischen die Champignons putzen, abreiben und in sehr dünne Scheiben schneiden. Den Zitronensaft mit dem Essig, Salz, Pfeffer und Öl verquirlen. Das Filet in hauchfeine Scheiben schneiden und auf Tellern anrichten. Mit Champignons bestreuen. Die Marinade darüberträufeln. Carpaccio mit dem Schnittlauch bestreuen. Den Parmesan mit einem Sparschäler darüberhobeln.

Kartoffel-Kohlrabi-Salat

EDEL MIT FLUSSKREBSSCHWÄNZEN

Für 2 Personen
200 g kleine festkochende Kartoffeln
Salz
1 zarter Kohlrabi (ca. 200 g)
2 Frühlingszwiebeln
125 g Flusskrebsschwänze (Kühlregal; ersatzweise Garnelen oder Crevetten)
2 EL Apfelessig
4 EL Apfelsaft
schwarzer Pfeffer aus der Mühle
1 EL kalt gepresstes Rapsöl
2 Händevoll Sprossenmix (z. B. Alfalfa-, Rettich-, Radieschensprossen)
2 EL Sahnejoghurt
Zubereitung: 25 Min.
Pro Portion: ca. 210 kcal, 16 g EW, 7 g F, 20 g KH

1 Die Kartoffeln waschen und in Salzwasser in ca. 15 Min. garen. Inzwischen den Kohlrabi putzen, schälen, vierteln und in feine Scheiben hobeln. Die Frühlingszwiebeln putzen und waschen, die weißen und hellgrünen Teile in feine Ringe schneiden. Die Flusskrebsschwänze abtropfen lassen.

2 Essig mit Apfelsaft, Salz, Pfeffer und Öl verrühren. Die Kohlrabischeiben darin wenden.

3 Die Kartoffeln abgießen, pellen und in Scheiben schneiden. Kohlrabi aus dem Dressing nehmen und abtropfen lassen, mit den Kartoffeln auf Teller verteilen. Mit dem Dressing beträufeln. Frühlingszwiebeln, Krebse und Sprossen daraufgeben. Salat mit Pfeffer übermahlen, mit je 1 EL Joghurt garnieren.

Tipp **Fürs Büro den Salat in eine Frischhaltebox füllen. Mit Sprossen und Joghurt anrichten.**

Meeresfrüchtesalat

MIT FENCHEL ALS ROHKOST

no carb

Für 2 Personen
1 Pck. TK-Meeresfrüchtemischung (gekocht, 275 g)
1 mittelgroße Fenchelknolle
2 in Öl eingelegte getrocknete Tomaten
1 EL frisch gepresster Zitronensaft
1 EL weißer Aceto balsamico
½ TL Dijon-Senf
Salz | schwarzer Pfeffer aus der Mühle
2 EL Olivenöl
2 Stiele Basilikum
Zubereitung: 15 Min.
Pro Portion: ca. 260 kcal, 22 g EW, 17 g F, 3 g KH

1 Die gefrorenen Meeresfrüchte in lauwarmem Wasser in ca. 5 Min. auftauen lassen, dann in einem Sieb kurz abbrausen und abtropfen lassen.

2 Inzwischen den Fenchel putzen, das Fenchelkraut beiseitelegen. Die Knolle vierteln, den Strunk entfernen, die Viertel in feine Streifen schneiden.

3 Tomaten abtropfen lassen, dabei 2 TL Tomatenöl auffangen. Zitronensaft mit Essig, Senf, Salz und Pfeffer verrühren. Olivenöl, Tomatenöl und 2 EL Wasser unterrühren. Die getrockneten Tomaten fein würfeln, mit Fenchel und Meeresfrüchten unter die Vinaigrette mischen. Basilikumblätter und Fenchelkraut abzupfen, hacken und untermischen. Den Salat mit Salz und Pfeffer abschmecken.

Das schmeckt dazu Pro Person 2 Scheibchen Vollkornbaguette (ca. 40 g).

Zitronenhähnchen mit Salat

MIT GRAPEFRUIT UND AVOCADO

Für 2 Personen
2 Hähnchenbrustfilets (à ca. 150 g)
Salz | Pfeffer
2 TL edelsüßes Paprikapulver
2 EL frisch gepresster Zitronensaft
2 TL flüssiger Akazienhonig
100 g gemischte Salatblätter (z. B. Eichblattsalat, Lollo bianco, Rucola, Romanasalat)
1 Rosa Grapefruit
½ reife Avocado
1 kleine rote Zwiebel
3 EL Olivenöl
5 EL Hühnerbrühe
1 EL Weißweinessig
Zubereitung: 30 Min.
Pro Portion: ca. 540 kcal, 35 g EW, 32 g F, 22 g KH

1 Das Fleisch trocken tupfen, mit Salz, Pfeffer und Paprikapulver einreiben. Den Zitronensaft mit Honig verrühren und über die Filets träufeln.

2 Salatblätter putzen, waschen, trocken schütteln und zerpflücken. Grapefruit samt der weißen Haut schälen und die Fruchtfilets herausschneiden, dabei den abtropfenden Saft auffangen. Die Avocadohälfte entsteinen, schälen und in Spalten schneiden. Die Zwiebel schälen und sehr fein würfeln.

3 1 EL Öl in einer Pfanne erhitzen, das Fleisch darin bei mittlerer Hitze auf jeder Seite 5–6 Min. braten. Das Fleisch aus der Pfanne nehmen, in Folie wickeln und ca. 5 Min. ruhen lassen. Zwiebel im Bratfett glasig dünsten. Grapefruit und -saft und Brühe dazugießen und offen in ca. 2 Min. einkochen lassen. Mit Essig, Salz, Pfeffer und übrigem Öl verrühren. Alles zusammen anrichten und mit dem Dressing beträufeln. Oder Fleisch und Salat getrennt anrichten.

Bündner Fleisch mit Austernpilzen

HERBSTLICHER GENUSS VOM FEINSTEN

no carb

Für 2 Personen
1 EL gehackte Walnüsse
75 g Feldsalat
250 g Austernpilze
1 Zweig Rosmarin
2 EL frisch gepresster Orangensaft
1 EL Rotweinessig
Salz | Pfeffer
1 EL Walnussöl
60 g Bündner Fleisch
1 EL Olivenöl
Zubereitung: 20 Min.
Pro Portion: ca. 220 kcal, 16 g EW, 16 g F, 1 g KH

1 Die Walnüsse in einer Pfanne ohne Fett anrösten, dann abkühlen lassen. Den Feldsalat putzen, waschen und trocken schleudern. Die Austernpilze putzen und grob zerteilen. Rosmarin abbrausen und trocken schütteln, die Nadeln hacken.

2 Den Orangensaft mit Essig, Salz und Pfeffer verrühren. Das Walnussöl unterrühren. Den Feldsalat und das Bündner Fleisch anrichten und mit der Vinaigrette beträufeln.

3 Das Olivenöl in einer Grillpfanne erhitzen, Pilze und Rosmarin darin 2–3 Min. braten. Mit Salz und Pfeffer würzen. Die Pilze auf dem Salat verteilen und mit den Walnüssen bestreut servieren.

Das schmeckt dazu Pro Portion 1 Scheibe Vollkornbrot (ca. 50 g).

Roastbeefröllchen mit Avocado

EINE BESONDERS FEINE KOMBINATION

no carb

Für 2 Personen
1 rote Spitzpaprika (ca. 75 g)
8 schwarze Oliven ohne Stein
2 Frühlingszwiebeln
1 reife Avocado
2 TL frisch gepresster Zitronensaft
2 EL frisch geriebener Bergkäse
Salz | Pfeffer
einige Spritzer Tabasco
6–8 Scheiben Roastbeef-Aufschnitt (ca. 125 g)
6–8 Schnittlauchhalme
Zubereitung: 25 Min.
Pro Portion: ca. 410 kcal, 20 g EW, 35 g F, 2 g KH

1 Paprikaschote halbieren, entkernen, waschen und in kleine Würfel schneiden. Die Oliven hacken. Die Frühlingszwiebeln putzen und waschen, die weißen und hellgrünen Teile in feine Ringe schneiden.

2 Die Avocado halbieren, den Stein entfernen, das Fruchtfleisch mit einem Löffel aus der Schale lösen. Sofort mit Zitronensaft beträufeln und mit einer Gabel zerdrücken. Avocado mit Paprika, Oliven, Frühlingszwiebeln und Käse vorsichtig mischen. Mit Salz, Pfeffer und Tabasco würzen.

3 Das Roastbeef nebeneinander auf eine Arbeitsfläche legen, mit der Avocadomasse bestreichen, aufrollen und mit je 1 Schnittlauchhalm festbinden.

Das schmeckt dazu Pro Person 1 kleines Roggen-Vollkornbrötchen (ca. 50 g).

Tipp **Die Röllchen lassen sich vorbereiten. Am besten einzeln in Frischhaltefolie einwickeln, in eine Frühstücksbox packen und mitnehmen.**

Pute tonnato

no carb

SCHLANKE VERSION DES KLASSIKERS

Für 2 Personen
1 Dose Thunfisch im eigenen Saft (140 g Abtropfgewicht)
1 EL frisch gepresster Zitronensaft
2 EL Olivenöl
2 TL Kapern
150 g Joghurt
Salz | Pfeffer
2 Tomaten
200 g Putenbrust-Aufschnitt
2 Händevoll Sprossenmix (z. B. Alfalfa, Rettich, Radieschensprossen)
Zubereitung: 15 Min.
Pro Portion: ca. 390 kcal, 34 g EW, 23 g F, 7 g KH

1 Thunfisch abtropfen lassen und zerpflücken. Mit Zitronensaft, Öl, Kapern und Joghurt fein pürieren. Mit Salz und Pfeffer würzen.

2 Tomaten waschen und ohne die Stielansätze in dünne Scheiben schneiden. Mit dem Aufschnitt auf Tellern fächerartig anrichten. Mit Thunfischsauce beträufeln. Die Sprossen darüberstreuen.

Variante Für **Geflügelwurst mit Radieschen** 100 g Geflügelfleischwurst pellen, eventuell längs halbieren und in dünne Scheiben schneiden. Etwa ½ Bund Radieschen putzen, waschen und in Scheiben schneiden. 50 g Rucola putzen, waschen, trocken schütteln und grob hacken. Wurst, Radieschen und Rucola anrichten. 1 EL Weißweinessig mit 1 TL körnigem Senf, Salz, Pfeffer und 2 EL Olivenöl verrühren und über den Wurstsalat träufeln.

DESSERTS

»Ein klein wenig Süßes kann viel Bitteres verschwinden lassen«, sagte der italienische Dichter Francesco Petrarca, Anfang des 14. Jahrhunderts. Gilt heute noch! Deswegen gehören zur GLYX-Philosophie natürlich auch Desserts. Das schlichte, überaus herrliche Apfelmus, die Rhabarber-Buttermilch-Kaltschale, das Apfel-Tiramisu, die Mango-Kokos-Creme, Gebackene Pfirsiche, Kirsch-Himbeer-Grütze, … Alle Desserts sind nur dazu da, Sie immer mal wieder glücklich zu machen. Natürlich auch Ihre Freunde, Ihre Familie. Ja, ja, keine Frage: Ihre Fettzellen rümpfen sicher die Nase.

Desserts

Die Wissenschaft hat festgestellt, dass ... Richtig naschen schlank erhält.

Welches Obst passt in den Salat?
Bei frischem Obst gilt: reife Banane, Wasser- und Honigmelone helfen nicht beim Abnehmen. Ananas, Kiwi, Mango und Papaya haben einen mittleren GLYX und sollten deshalb auch nicht zwischendurch gegessen werden. Aber sie gehören kombiniert mit anderen sauren Früchten in den Obstsalat. Gemeinsam haben sie einen niedrigeren GLYX. Bedenkenlos schlemmen können Sie Obst der Saison: Äpfel, Birnen, Kirschen, Beeren und Zitrusfrüchte.

Kann denn Süßes Sünde sein?
Nein. Mit einem Löffelchen Zucker können Sie Ihren Kaffee ruhig genießen. Am besten mit Rohrohrzucker. Verwenden Sie Zucker einfach als Gewürz, das man wie Gold abwiegt. Süßen Sie ruhig mal mit anderen Alternativen der Natur: Honig, Ahornsirup, Agavendicksaft, Apfel- oder Birnendicksaft heben zwar auch den Insulinspiegel an, aber solange man sie als ein »Gewürz« verwendet, machen sie nicht dick. Auch Frutilose (Fruchtzucker, Reformhaus) ist eine insulinfreundliche Alternative. Allerdings auch nur in Maßen! Zu viel belastet die Leber und macht dick. Und Süßstoffe? Die chemischen Zucker-Geschwister mögen ein Segen sein für Diabetes-Kranke, Gesunde können darauf verzichten. Wenn Sie Süßstoff brauchen, dann süßen Sie mit der Natur – wie die Indianer mit Stevia.

Wann passt das Dessert ins GLYX-Leben?
Im Sommer sind unsere Desserts auch mal eine leichte Mahlzeit, zum Beispiel der Obstsalat oder die Rhabarber-Buttermilch-Kaltschale (s. S. 124). Sie können sie, wenn Sie Lust darauf haben, im GLYX-Menü genießen. Nur in die carbfreien Abende passen sie natürlich nicht.

Zeitmanagement
Auch in diesem Kapitel haben wir wieder Vorratsrezepte. Diese dann zubreiten, wenn Zeit ist – und wenn einen Freunde oder Süßhunger überraschen, einfach servieren. Probieren Sie das Apfelmus, die Vanille-Kirschen, das Pfirsichsorbet.

Warum Dessert »light« nicht klappt.
Neuerdings gibt's Eis & Co. mit 0 Prozent Fett und 0 Prozent Zucker – 100 Prozent Chemie. Zufrieden macht das nicht – Studien zeigen: Die Hormone verlangen ein weiteres Dessert, mit echtem Zucker, echtem Fett. Das Gehirn lässt sich nicht foppen. Kommt süß, will es Zucker. Es muss ja nicht der Familienbecher sein. Tipp: Fruchteis ist besser als Sahneeis, Apfelmus besser als Apfelkuchen, weil das nicht die fatale Kombination Fett plus Kohlenhydrate liefert. Unsere Desserts sind »natürlich light« – foppen weder Geschmackspapillen noch das Gehirn.

Eiweiß plus!
Sahne kann man gut ersetzen durch steifes Eiweiß, das macht den Quark luftig, locker, schaumig. Probieren Sie den Erdbeer-Ricottaschaum auf Seite 128. Oder das Pfirsichsorbet auf Seite 122.

Sommer konservieren!
Platzsparend und praktisch: Pürieren Sie Beeren mit etwas frisch gepresstem Zitronensaft und Rohrohrzucker. Dann in kleinen Portionen einfrieren. Das Fruchtpüree passt wunderbar in das Morgenmüsli oder zum Naturjoghurt. Oder als Sauce zum Eis.

Fruchtträume »light«: Beerenpüree aus dem Eis, Erdbeeren im Schokomantel.

Stress? Bitte bitter!

Stress heißt Notsituation. Das Gehirn verlangt nach mehr Kalorien. Nach Soulfood, nach Fett kombiniert mit Zucker. Nach Schokolade. Denn Stress drückt die Laune. Das Gehirn mag aber gute Laune. Darum will es süß. Damit die Nervenbotenstoffe des Glücks Dopamin und Serotonin ansteigen. Also: Stress ist immer stärker als der Wille. Muss man nachgeben. Mit Bitterschokolade. Die hat einen niedrigen GLYX, lockt wenig Insulin, schlägt nicht an, schützt unsere Gesundheit mit Polyphenolen. Bitterschokolade gibt es in herrlichen Variationen – auch mit Chili! Oder mit Erdbeere (s. unten GLYX-Bringer).

Ein Dessert ist ein essbar gewordenes Glücksgefühl.

GLYX-Bringer

Bourbonvanille-Rohrohrzucker 1 Vanilleschote aufschlitzen und das Mark herauskratzen. Schote und Mark mit 100 g Rohrohrzucker mischen und in einem Twist-off-Glas 1 Woche ziehen lassen. Fertig ist feinster Vanillezucker mit natürlichem Aroma – was ganz Besonderes für Gebäck und Desserts. Das funktioniert auch wunderbar mit Bio-Orangen- oder Zitronenschale in feinen Streifen.

Schoko-Erdbeeren Lust auf was Süßes? Dann nimm zwei von den kleinen Pralinées in dunkler GLYX-Verpackung! 250 g Erdbeeren waschen, trocken tupfen, Kelchblätter nicht entfernen. 100 g Bitterschokolade (mindestens 70 % Kakaoanteil) in einer Schüssel über dem heißen Wasserbad schmelzen lassen. Die Erdbeeren hineintauchen und auf Backpapier trocknen lassen.

Früchte im Glas & auf Eis

1 Frozen Limettenjoghurt

Für 6 Personen (ca. 360 ml) | Zubereitung: 25 Min.
Gefrieren: 20 Min. oder 3 Std.
Pro Portion: ca. 90 kcal, 2 g EW, 2 g F, 16 g KH

Je 40 g flüssigen Akazienhonig und Rohrohrzucker mit 4 EL frisch gepresstem Limettensaft und 1 g pflanzlichem Bindemittel (Reformhaus) in einem kleinen Topf verrühren. Unter Rühren erhitzen, bis sich der Zucker aufgelöst hat. Die Zucker-Honig-Mischung vom Herd nehmen und auf Zimmertemperatur abkühlen lassen. 200 g Joghurt, 100 g Sahnejoghurt und 1 TL abgeriebene Schale von 1 Bio-Limette unterrühren. Die Masse in einer Eismaschine ca. 20 Min. oder im Tiefkühlfach ca. 3 Std. gefrieren lassen. Vor dem Servieren zu Kugeln formen und mit je 1 Limettenscheibe garnieren.

Varianten Das Sorbet mal mit Orange, Mandarine oder Grapefruit zubereiten. Den Joghurt durch Kefir, Buttermilch oder Sojajoghurt ersetzen.

2 Apfelmus

Für 6 Portionen (3 Gläser à ca. 250 ml)
Zubereitung: 45 Min.
Pro Portion: ca. 110 kcal, 0 g EW, 1 g F, 24 g KH

1 kg säuerliche Äpfel (z. B. Elstar, Jonagold) waschen und vierteln, Blütenansätze und Stiele herausschneiden, Kerngehäuse und Schale nicht entfernen. Apfelviertel mit je 2 EL Rohrohrzucker und Apfeldicksaft sowie 2 EL frisch gepresstem Zitronensaft in einem Topf aufkochen lassen. Zugedeckt bei schwacher Hitze in 20–25 Min. garen. Die heiße Apfelmasse durch ein Sieb passieren. Das Apfelmus sofort bis zum Rand in heiß aufgespülte Twist-off-Gläser füllen und fest verschließen. Die Gläser ca. 5 Min. umdrehen. Haltbarkeit: 3–6 Monate.

3 Pfirsichsorbet

Für 15 Personen (ca. 900 ml) | Zubereitung: 20 Min.
Gefrieren: 25 Min. oder 3 Std.
Pro Portion: ca. 30 kcal, 1 g EW, 0 g F, 7 g KH

600 g reife Pfirsiche kurz in kochendes Wasser tauchen, abschrecken, häuten, halbieren und den Stein entfernen. Das Fruchtfleisch zerkleinern, mit dem Pürierstab glatt pürieren (ergibt ca. 500 g). 50 g Rohrohrzucker und ½ TL abgeriebene Schale von 1 Bio-Zitrone unterrühren. 1 Eiweiß steif schlagen, unterheben. Die Masse in der Eismaschine in 25–30 Min. oder ca. 3 Std. im Tiefkühlfach gefrieren lassen. Zum Servieren zu Kugeln formen, in gekühlte Schalen füllen und mit je 1 Himbeere garnieren.

Tipp **Für ein Fruchtsorbet eignen sich GLYX-niedrige Früchte: Rohe Beeren, Kirschen, Pflaumen, Aprikosen und Kiwi ergeben zusammen mit einem Süßungsmittel ein geeignetes Mus. Äpfel, Birnen, Rhabarber oder Zwetschgen zuvor kochen und pürieren.**

4 Vanille-Kirschen

Für 8 Portionen (4 Gläser à ca. 500 ml)
Zubereitung: 25 Min.
Pro Portion: ca. 90 kcal, 1 g EW, 1 g F, 19 g KH

1 kg Sauerkirschen (oder 1 kg entsteinte und aufgetaute TK-Schattenmorellen) waschen, Stiele entfernen und die Kirschen entsteinen. 1 Vanilleschote längs aufschlitzen, das Mark herauskratzen. Die Kirschen mit Vanilleschote und -mark und 4 EL Rohrohrzucker in einen Topf geben. 250 ml Sauerkirsch-Muttersaft (Reformhaus) und ½ l Wasser dazugießen, aufkochen und ca. 2 Min. kochen lassen. Das Kompott sofort in saubere Twist-off-Gläser füllen und diese verschließen. Haltbarkeit: 2–3 Monate, zusätzlich eingekocht (s. Info S. 123) 6 Monate.

Variante Das Kompott mit Zwetschgen, Pfirsichen oder Aprikosen und 2 Zimtstangen zubereiten.

Eis & Sorbet hausgemacht

Keine Eismaschine? Macht nichts. Mit Handrührgerät und Tiefkühlfach sind Sie auch gut gerüstet. Den Eisansatz in einer Metallschüssel ca. 3 Std. ins Tiefkühlfach stellen. Sobald sich nach 30–45 Min. Eiskristalle auf der Oberfläche bilden, die Masse mit einem Schneebesen kräftig durchrühren. Wichtig: Das Sorbet oder Eis immer nach 20–30 Min. durchrühren – je öfter, desto cremiger wird es. Sorbets halten sich im Tiefkühlfach monatelang, Eis aus Milchprodukten 6–8 Wochen.

Obst auf Vorrat

Zum Aufbewahren von eingekochten Früchten eignen sich Twist-off-Gläser, die es in verschiedenen Formen und Größen im Haushaltswarengeschäft gibt. Und so geht's: Die einwandfrei gesäuberten, sterilen Gläser bis zum Rand mit gekochtem Obst füllen und mit dem passenden Deckel fest verschließen. Dann ca. 5 Min. auf den Kopf stellen. So bildet sich ein Vakuum, die Gläser werden luftdicht verschlossen. Wenn der Deckel beim Öffnen »blubbt«, ist alles in Ordnung.

Obstsalat mit Kokos-Zabaione

FRISCH, LEICHT, ETWAS EXOTISCH

Für 2 Personen
1 Clementine
1 Kiwi
10 Physalis (Kapstachelbeeren)
2 TL frisch gepresster Limettensaft
½ TL fein geriebener Ingwer
3 TL Agavensirup
1 Eigelb
4 EL ungesüßte Kokosmilch (Dose)
1 EL Kokoschips
Zubereitung: 20 Min.
Pro Portion: ca. 100 kcal, 2 g EW, 4 g F, 14 g KH

1 Clementine schälen und in Spalten teilen. Kiwi schälen, längs halbieren und die Hälften in Scheiben schneiden. Die Physalis aus der Hülle lösen und halbieren. Limettensaft und Ingwer mit 1 TL Agavensirup verrühren. Das Obst darin wenden und auf Schälchen verteilen.

2 Das Eigelb mit dem übrigen Agavensirup und der Kokosmilch in einer Schlagschüssel aus Metall verrühren, über dem heißen Wasserbad bis kurz vor dem Kochen zu einer dicklichen Creme aufschlagen. Die Creme sofort auf dem Obstsalat verteilen. Mit den Kokoschips bestreuen.

Variante Für **Beeren mit Mandel-Zabaione** 250 g gemischte Beeren verlesen. Mit 2 EL frisch gepresstem Orangensaft und 1 TL flüssigem Akazienhonig beträufeln. 1 Eigelb mit 2 TL flüssigem Akazienhonig, 1 EL Mandelmus (Reformhaus) und 5 EL Milch in einer Metallschüssel verrühren, dann über dem heißen Wasserbad in ca. 5 Min. cremig aufschlagen. Sofort auf den Beeren verteilen.

Rhabarber-Buttermilch-Kaltschale

EIN SÜSS-SÄUERLICHES VERGNÜGEN

Für 2 Personen
250 g Rhabarber
1 Pck. Vanille-Rohrohrzucker
200 g Erdbeeren
200 g kalte Buttermilch
1 Scheibe Pumpernickel (ca. 50 g)
2 TL Rohrohrzucker
etwas Zitronenmelisse zum Garnieren
Zubereitung: 25 Min.
Pro Portion: ca. 170 kcal, 7 g EW, 1 g F, 30 g EW

1 Rhabarber waschen, putzen und klein schneiden. Mit Vanillezucker und 6 EL Wasser in einen Topf geben, aufkochen lassen und zugedeckt bei schwacher Hitze 3–4 Min. dünsten. Dann abkühlen lassen. Inzwischen die Erdbeeren waschen, putzen und in Scheiben schneiden. Die Hälfte davon zum Rhabarber geben, mit dem Pürierstab fein pürieren und mit Buttermilch schaumig aufschlagen.

2 Den Pumpernickel zerbröseln und in einer Pfanne ohne Fett rösten. Den Zucker darüberstreuen und schmelzen lassen. Die Pfanne vom Herd nehmen.

3 Die Kaltschale in tiefe Teller füllen. Die übrigen Erdbeeren daraufgeben. Mit dem Pumpernickel bestreuen und mit Zitronenmelisse garnieren.

Variante Für **Himbeer-Kefirsuppe** 200 g Himbeeren verlesen und bis auf 2 EL mit 250 g Kefir, 1 EL frisch gepresstem Zitronensaft und 2 EL Agavensirup pürieren. 1 EL Mandelblättchen in einer Pfanne ohne Fett goldbraun rösten. Die Suppe anrichten, übrige Himbeeren dazugeben und mit Mandeln bestreuen.

Heidelbeer-Quarkspeise

FRISCH-FRUCHTIG UND UNKOMPLIZIERT

Für 2 Personen
125 g Heidelbeeren
2 EL frisch gepresster Orangensaft
250 g Magerquark
1 EL flüssiger Akazienhonig
½ TL abgeriebene Schale von 1 Bio-Orange
1 Eiweiß
¼ TL gemahlene Vanille (Reformhaus)
einige Minzeblätter zum Garnieren
Zubereitung: 20 Min.
Pro Portion: ca. 200 kcal, 19 g EW, 1 g F, 16 g KH

1 Die Heidelbeeren verlesen, nur wenn nötig, abbrausen und mit 1 EL Orangensaft beträufeln. Den Quark mit dem übrigen Orangensaft, Honig und der Orangenschale glatt rühren. Das Eiweiß steif schlagen, dabei die Vanille einrieseln lassen, dann unter den Quark heben.

2 Die Quarkspeise in Schälchen anrichten, die Heidelbeeren darauf verteilen und das Dessert mit Minzeblättern garniert servieren.

Variante Für eine marmorierte **Brombeerspeise** 100 g Brombeeren mit 2 TL Ahornsirup pürieren. Das Püree durch ein Sieb streichen, um die Kerne zu entfernen. 1 g pflanzliches Bindemittel unterrühren. 250 g Magerquark mit 1 EL frisch gepresstem Orangensaft, 1 TL Ahornsirup und ½ TL abgeriebener Schale von 1 Bio-Orange glatt rühren. 1 Eiweiß steif schlagen und unterheben. Den Quark in Schälchen anrichten. Jeweils die Hälfte des Brombeerpürees daraufgeben und mit einem Löffel spiralförmig unterziehen. Mit je 1 TL gehackten Pistazien bestreuen.

Apfel-Tiramisu

IM GLAS RAFFINIERT ANGERICHTET

Für 2 Personen
1 säuerlicher Apfel (ca. 200 g, z. B. Jonagold)
1 EL frisch gepresster Zitronensaft
150 g Ricotta
1 Eiweiß
1 Pck. Vanille-Rohrohrzucker
2 Vollkornkekse (ca. 20 g)
2 EL frisch gepresster Orangensaft
Zubereitung: 20 Min.
Pro Portion: ca. 245 kcal, 11 g EW, 14 g F, 19 g KH

1 Den Apfel waschen, vierteln, entkernen und klein würfeln. Mit Zitronensaft beträufeln. Ricotta cremig rühren. Das Eiweiß steif schlagen, dabei den Vanillezucker einrieseln lassen, dann den Eischnee unter den Ricotta heben.

2 1 Keks zerbröckeln und auf Gläser verteilen. Je 1 EL Orangensaft darüberträufeln. Erst die Hälfte der Ricotta-Mischung, dann die Hälfte der Apfelwürfel daraufgeben. Übrigen Ricotta einschichten, den restlichen Apfel daraufgeben. Übrigen Keks grob zerbröckeln und darüberstreuen.

Variante Für eine **Apfel-Frischkäse-Creme** den Apfel vierteln, entkernen, schälen und in kleine Stücke schneiden. Mit 1 EL Rohrohrzucker, 1 Msp. gemahlener Vanille (Reformhaus) und 3 EL Wasser aufkochen lassen. Bei schwacher Hitze ca. 3 Min. dünsten, dann abkühlen lassen. 150 g körnigen Frischkäse mit 1 EL frisch gepresstem Zitronensaft, 2 TL flüssigem Akazienhonig und 2 EL saurer Sahne glatt rühren. Das Kompott in Gläser füllen, die Frischkäsemasse darauf verteilen. 2 Vollkornkekse grob zerbröckeln und obendrauf streuen.

Mango-Kokos-Creme

EIN FRUCHTIGER ENERGIE-KICK

Für 2 Personen
2 EL Kokoschips
½ reife Mango (ca. 200 g; ohne Stein)
100 g Seidentofu (Reformhaus)
2 EL frisch gepresster Limettensaft
½ TL abgeriebene Schale von 1 Bio-Limette
1 EL Rohrohrzucker
100 g ungesüßte Kokosmilch (Dose)
Zubereitung: 20 Min.
Pro Portion: ca. 175 kcal, 5 g EW, 4 g F, 29 g KH

1 Die Kokoschips in einer Pfanne ohne Fett goldbraun rösten, dann herausnehmen und abkühlen lassen. Die Mango schälen, das Fruchtfleisch in kleine Würfel schneiden, die Hälfte beiseitestellen. Die übrigen Mangowürfel, Tofu, Limettensaft und -schale sowie den Rohrzucker in eine hohe Rührschüssel geben und mit dem Pürierstab glatt pürieren. Die Kokosmilch nach und nach untermixen.

2 Die Mangowürfel unter die Tofucreme heben und die Creme auf zwei Gläser oder Schalen verteilen. Die Kokoschips obendrauf streuen.

Variante Für **Tofucreme mit Sommerfrüchten** 125 g Seidentofu mit 1 EL frisch gepresstem Zitronensaft und 1 EL Ahornsirup cremig pürieren. Die abgeriebene Schale von ½ Bio-Zitrone untermischen. 2 Aprikosen waschen, halbieren, entsteinen und in Spalten schneiden. 125 g kleine Erdbeeren waschen, putzen und halbieren. Die Früchte mischen und auf die Tofucreme geben. Das Dessert mit einigen Minzeblättern garnieren.

Erdbeer-Ricottaschaum

LOCKER, LUFTIG, LEICHT ZU MACHEN

Für 2 Personen
250 g Erdbeeren
2 EL Agavensirup
3 TL Sofort-Gelatinepulver (kalt löslich)
1 frisches Eiweiß
1 Prise Salz
100 g Ricotta
10 g Bitterschokolade (mindestens 70 % Kakaoanteil)
Zubereitung: 20 Min.
Pro Portion: ca. 220 kcal, 15 g EW, 10 g F, 15 g KH

1 Die Erdbeeren waschen, putzen und grob klein schneiden. 200 g Erdbeeren mit dem Agavensirup fein pürieren. Die Sofort-Gelatine nach und nach untermischen, dabei ständig weitermixen.

2 Das Eiweiß mit dem Salz steif schlagen. Den Ricotta cremig rühren. Zuerst den Ricotta, dann den Eischnee unter das Püree heben. Die Creme in zwei Schälchen füllen. Die übrigen Erdbeeren in Scheiben schneiden und die Creme damit garnieren. Die Schokolade darüberraspeln.

Variante Für **Mokkaschaum auf Orange** von 1 großen Orange die Schale mit einem scharfen Messer schneiden, dabei die weiße Haut mit entfernen. Die Orange längs halbieren, in dünne Scheiben schneiden und fächerartig auf Dessertteller legen, mit 2 TL flüssigem Akazienhonig beträufeln. 100 g Joghurt mit 2 TL löslichem Espressopulver und 2 TL Rohrohrzucker verrühren. 40 g Sahne und 1 frisches Eiweiß getrennt steif schlagen und beides unter den Joghurt heben. Den Mokkaschaum auf den Orangen verteilen. Mit Espressopulver bestäuben.

Pflanzlich binden

Wer ein bekömmliches pflanzliches Bindemittel sucht, ist mit Biobin aus dem Reformhaus gut bedient. Das Pulver wird aus den Samen des Johannisbrotbaums (Carobe) gewonnen und ist einfach im Handling: Zum Binden von Suppen, Saucen und Süßspeisen vor dem Aufkochen einstreuen und verrühren, dann kurz aufkochen lassen. Es bindet klar und dickt leicht nach. Oder das Bindemittel unter kalte Fruchtsaucen rühren und in ca. 10 Min. andicken lassen.

Kirsch-Himbeer-Grütze

MIT TIEFKÜHLOBST EIN BLITZDESSERT

Für 2 Personen
125 g entsteinte TK-Sauerkirschen
125 g Himbeeren
125 ml Sauerkirsch-Muttersaft (Reformhaus)
2 EL Rohrohrzucker
¼ TL Vanillepulver (Reformhaus)
3 g pflanzliches Bindemittel (Reformhaus)
100 g Magerquark
2 EL kohlensäurehaltiges Mineralwasser
20 g Bitterschokolade (mindestens 70 % Kakaoanteil)
Zubereitung: 25 Min.
Pro Portion ca. 210 kcal, 9 g EW, 5 g F, 31 g KH

1 Kirschen antauen lassen. Himbeeren verlesen, nur wenn nötig, waschen. Früchte vorsichtig mischen und in Dessertschalen geben. Den Saft mit Zucker und Vanillepulver in einem Topf verrühren, mit Wasser auf 250 ml auffüllen. Das Bindemittel einstreuen und verrühren. Alles aufkochen und offen bei mittlerer Hitze 1–2 Min. kochen lassen, dann über das Obst gießen und ca. 10 Min. abkühlen lassen.

2 Inzwischen den Quark mit dem Mineralwasser cremig rühren. Vor dem Servieren auf die Grütze geben. Schokolade hacken und obendrauf streuen.

Variante Für eine **Gelbe Grütze mit Zimtjoghurt** 3 Aprikosen (ca. 125 g) und 1 Nektarine (ca. 120 g) waschen, halbieren, entsteinen und in Spalten schneiden. 125 ml frisch gepressten Orangensaft mit 50 ml Wasser, 1 EL Agavensirup und 1 EL frisch gepresstem Zitronensaft verrühren. ½ Zimtstange und 3 g pflanzliches Bindemittel (Reformhaus) einrühren. Obst dazugeben, kurz aufkochen und abkühlen lassen. 100 g Joghurt mit ½ TL Zimtpulver verrühren, auf die Grütze geben.

Gebackene Pfirsiche

AUF MOHNQUARK SANFT GEBETTET

Für 2 Personen
2 Pfirsiche (ca. 200 g)
1 Ei
125 g Magerquark
2 TL weiche Butter
1 ½ EL Rohrohrzucker
½ TL Zimtpulver
2 g pflanzliches Bindemittel (Reformhaus)
2 EL gemahlener Mohn
etwas Minze zum Garnieren
Zubereitung: 30 Min.
Pro Portion: ca. 250 kcal, 15 g EW, 12 g F, 21 g KH

1 Den Backofen auf 200° (Umluft 180°) vorheizen. Die Pfirsiche waschen, halbieren, entsteinen und in Spalten schneiden. Das Ei trennen. Eigelb mit Quark, Butter, 1 EL Zucker, Zimtpulver und Bindemittel cremig rühren. Das Eiweiß steif schlagen und mit dem Mohn vorsichtig unter die Quarkmasse heben.

2 Die Quarkmasse in kleine Gratinformen geben und glatt streichen, die Pfirsichspalten darauf verteilen. Mit übrigem Zucker bestreuen. Gratin im Ofen (Mitte) ca. 15 Min. überbacken. Mit Minze garnieren.

Variante Für **gratinierte Beeren** den Backofen auf 250° (Umluft 220°) vorheizen. Je 50 g Himbeeren, Brombeeren und Rote Johannisbeeren verlesen bzw. waschen. 1 Nektarine waschen, halbieren, entsteinen und in Spalten schneiden. 1 Eigelb mit 2 EL Rohrohrzucker und 5 EL trockenem Weißwein in einer Schüssel mit rundem Boden schaumig rühren, dann über dem heißen Wasserbad dickcremig aufschlagen und vom Herd nehmen. 50 g Sahne steif schlagen und unterheben. Nektarinen und Beeren in eine kleine Gratinform geben. Die Creme darüberziehen. Im Ofen (Mitte) 5–7 Min. überbacken.

Quickies für eilige GLYXler

Null Zeit zum Kochen? Keine Lust, länger als 20 Minuten in der Küche zu stehen? Dann greifen Sie in unsere GLYX-Schnellkoch-Zauberkiste! Dort finden Sie leckere und unkomplizierte Blitzrezepte – jeweils für 2 Personen. Damit Sie auch bei der Auswahl der Gerichte keine Zeit verlieren, verzichten wir auf die Beschreibung, Gemüse und Obst zu waschen, zu putzen und gehen nur auf die weitere Verwendung ein.

Weiche Eier auf Zucchini

no carb

Pro Portion: ca. 220 kcal, 14 g EW, 15 g F, 7 g KH
2 kleine Zucchini in Scheiben schneiden, 1 Zwiebel hacken. Beides in 1 EL Olivenöl 2–3 Min. braten. 200 g stückige Tomaten (Dose) und 100 ml Gemüsebrühe dazugeben und offen bei kleiner Hitze ca. 10 Min. dünsten. Mit Salz, Pfeffer und 1 TL getrocknetem Oregano würzen. 3 Eier in 5–7 Min. wachsweich kochen, abschrecken, pellen, halbieren und auf dem Gemüse anrichten. Dazu: Pro Person 40 g (Rohgewicht) gekochter Zartweizen oder Parboiled-Kurzzeit-Naturreis.

Roastbeef mit Avocadocreme

no carb

Pro Portion: ca. 210 kcal, 11 g EW, 17 g F, 2 g KH
1 reife Avocado halbieren, entsteinen, eine Hälfte mit 2 TL frisch gepresstem Zitronensaft zerdrücken. Mit 2 EL saurer Sahne, 2 TL Meerrettich (Glas) und 2 TL Apfelessig vermischen, salzen und pfeffern. Die zweite Avocadohälfte klein würfeln, unterheben. Avocadocreme mit jeweils 80 g Roastbeef-Aufschnitt auf zwei Tellern anrichten und mit schwarzem Pfeffer übermahlen. Dazu: Pro Person 2 Scheiben Vollkornbaguette (ca. 40 g).

Erdbeer-Mozzarella-Salat

Pro Portion: ca. 350 kcal, 16 g EW, 28 g F, 6 g KH
150 g Erdbeeren halbieren. 150 g Mini-Mozzarellakugeln abtropfen lassen. Beides mit 125 g geputzten Salatblättern (Kühlregal) anrichten. Mit einer Sauce aus 2 EL Apfelessig, Salz, Pfeffer und 2 EL Olivenöl beträufeln. Mit 1 EL Pinienkernen bestreuen. Dazu: Pro Person 1 Scheibe Vollkornbrot (ca. 50 g).

Sauerkrautsalat

no carb

Pro Portion: ca. 98 kcal, 5 g EW, 4 g F, 8 g KH
1 rote Paprikaschote in Streifen und 2 Frühlingszwiebeln in feine Ringe schneiden. Mit 200 g Sauerkraut mischen. 150 g Joghurt, 1 EL saure Sahne und 2 EL scharfen Ajvar (Paprikapaste) verrühren. Mit Salz und Pfeffer würzen. Mit dem Salat mischen. Dazu: Pro Person 1 Scheibe Roggenbrot (ca. 50 g).

Tomaten mit Mozzarella

Pro Portion: ca. 410 kcal, 18 g EW, 23 g F, 32 g KH
3 Scheiben Roggen-Vollkornbrot in 2 TL Olivenöl in 3–4 Min. auf beiden Seiten knusprig rösten. 125 g Mozzarella würfeln, 150 g kleine Strauchtomaten sechsteln. Beides mit Salz, Pfeffer und 1 EL Olivenöl mischen. 4 Basilikumblätter in Streifen geschnitten untermischen. Das Brot dazu servieren.

Artischockencreme-Brot

Pro Portion: ca. 190 kcal, 5 g EW, 6 g F, 28 g KH
120 g Artischockenböden oder -herzen (½ Dose) abtropfen lassen und klein schneiden. Mit 2 EL aufgefangenem Artischockenwasser, 1 EL Olivenöl und 1 TL frisch gepresstem Zitronensaft pürieren. Salzen und pfeffern. 2 Scheiben Roggenvollkornbrot (à ca. 50 g) mit der Artischockencreme bestreichen. 2 kleine Tomaten in Scheiben obendrauf legen.

Spargelröllchen

no carb

Pro Portion: ca. 130 kcal, 17 g EW, 5 g F, 3 g KH
4 Scheiben mageren gekochten Schinken (ca. 80 g) mit 100 g Frischkäse (ca. 20 % Fett i. Tr.) bestreichen. 4 Stangen Spargel (Glas) quer halbieren und auf den Schinken legen. Mit je 1 Basilikumblatt belegen und die Scheiben aufrollen. Dazu: Pro Person 1 Scheibe Vollkornbrot (ca. 50 g).

Zartweizen-Thunfisch-Salat

Pro Portion: ca. 260 kcal, 24 g EW, 3 g F, 31 g KH
80 g Zartweizen in einem Topf mit Salzwasser in ca. 10 Min. garen, dann abtropfen lassen. 200 g Bio-Salatgurke und 1 rote Spitzpaprika fein würfeln. 1 Dose Thunfisch im eigenen Saft (150 g Abtropfgewicht) abgießen und zerzupfen. Alle Zutaten mit 2 EL Joghurt, 1 TL frisch gepresstem Zitronensaft, Salz und Pfeffer vermischen.

Gratinierter Feta

no carb

Pro Portion: ca. 320 kcal, 21 g EW, 24 g F, 4 g KH
200 g Schafskäse (Feta) und 300 g Tomaten in Scheiben schneiden, in eine gefettete Gratinform (ca. 18 x 28 cm) schichten. 1 EL Tomatenpesto (S. 54) mit je 1 EL frisch gepresstem Zitronensaft und Olivenöl verrühren und darüberträufeln. Unter dem vorgeheizten Backofengrill (oben) ca. 5 Min. grillen. Mit 6 Basilikumblättern bestreuen. Dazu: Pro Person 1 kleines Roggen-Vollkornbrötchen (ca. 50 g).

Tomaten mit Käsesauce

no carb

Pro Portion: ca. 190 kcal, 9 g EW, 15 g F, 4 g KH
75 g Schafskäse (Feta), 1 EL Olivenöl und 1 EL frisch gepressten Zitronensaft pürieren. 100 g Joghurt untermischen, salzen und pfeffern. 2 Fleischtomaten in Scheiben schneiden, anrichten, Käsesauce daraufgeben. Mit 6 schwarzen Oliven und 3–4 Basilikumblättern garnieren. Dazu: Pro Person 2 Scheibchen Vollkornbaguette (ca. 40 g).

Graved-Lachs-Carpaccio

Pro Portion: ca. 440 kcal, 32 g EW, 24 g F, 24 g KH
200 g Graved Lachs in Scheiben auf Tellern auslegen. 1 Frühlingszwiebel in feine Ringe schneiden. 100 g braune Linsen (Dose) abtropfen lassen. Beides auf dem Lachs verteilen. Mit 3 EL Vinaigrette aus dem GLYX-Vorrat (S. 93) beträufeln. Mit 1 EL gehackter Petersilie bestreuen. Dazu: Pro Person 1 Scheibe Pumpernickel (ca. 40 g).

Sülze mit Vinaigrette

no carb

Pro Portion: ca. 250 kcal, 25 g EW, 16 g F, 1 g KH
2 EL Weißweinessig, 1 EL Wasser, Salz, Pfeffer und 1 TL scharfen Senf verrühren. 1 EL Olivenöl unterschlagen. 2 Scheiben Kalbfleischsülze (ca. 240 g) anrichten. Mit Vinaigrette beträufeln. Mit 2 EL Schnittlauchröllchen bestreuen. Dazu: Pro Person 1 Scheibe Roggen-Vollkornbrot (ca. 50 g)

Matjessalat mit Bohnen

Pro Portion: ca. 310 kcal, 14 g EW, 24 g F, 8 g KH
120 g weiße Riesenbohnen (Dose) abtropfen lassen. 2 Matjesfilets (ca. 120 g) schräg in Streifen und 2 Frühlingszwiebeln in Ringe schneiden. 100 g Kirschtomaten halbieren. Alles mit einer Sauce aus 2 EL Weißweinessig, ½ TL mittelscharfem Senf, Salz, Pfeffer und 2 EL Rapsöl anmachen. Dazu: Pro Person 1 Scheibe Pumpernickel (ca. 40 g).

Italienisches Omelett

Pro Portion: ca. 370 kcal, 19 g EW, 27 g F, 16 g KH
4 Eier mit 3 EL Mineralwasser, Salz und Pfeffer verquirlen. Daraus in 1 EL Olivenöl in jeweils ca. 4 Min. 2 Omeletts braten. 480 g italienisches TK-Pfannengemüse in einer beschichteten Pfanne ca. 3 Min. anbraten, bei mittlerer Hitze 6–7 Min. weiterbraten. Omeletts mit je 1 Kopfsalatblatt belegen, das Gemüse darauf verteilen. Dazu: Pro Person 1 Scheibe Vollkornbrot (ca. 50 g).

Tomaten-Rucola-Spaghetti

Pro Portion: ca. 205 kcal, 5 g EW, 12 g F, 24 g KH
150 g frische Spaghetti (Kühlregal) in kochendem Salzwasser in ca. 2 Min. garen. ½ Bund Rucola grob zerkleinern. 2 Tomaten klein würfeln. 2 Knoblauchzehen in Scheiben schneiden. 2 EL Olivenöl in einer Pfanne erhitzen, Knoblauch darin kurz anbraten. Spaghetti abgießen, mit Tomaten und Rucola in der Pfanne wenden. Salzen und pfeffern.

Salbei-Ravioli

Pro Portion: ca. 250 kcal, 9 g EW, 16 g F, 19 g KH
150 g Ravioli mit Ricotta-Spinatfüllung (Kühlregal) in Salzwasser ca. 2 Min. ziehen lassen. 2 EL Olivenöl erhitzen, 8 Salbeiblätter darin ca. 1 Min. braten, pfeffern. Über die abgetropften Ravioli geben. Mit 2 EL frisch geriebenem Parmesan bestreuen.

Zitronengras-Couscous

Pro Portion: ca. 310 kcal, 9 g EW, 13 g F, 37 g KH
½ Stange Zitronengras von äußeren Blättern befreien, klein würfeln, mit 80 g Instant-Couscous mischen. 200 ml Gemüsebrühe aufkochen und darübergießen, den Couscous ca. 5 Min. quellen lassen. 100 g Zuckerschoten halbieren. 150 g Auberginen würfeln. Beides in 2 EL Rapsöl ca. 5 Min. braten, salzen, pfeffern und unter den Couscous mischen. Den Couscous mit 150 g Joghurt servieren.

Blitz-Minestrone

Pro Portion: ca. 190 kcal, 7 g EW, 7 g F, 24 g KH
1 Zwiebel hacken und in 1 EL Olivenöl glasig dünsten. 400 g TK-Suppengemüse dazugeben, 600 ml Gemüsebrühe zugießen und aufkochen. Mit Salz, Pfeffer und 50 g italienischen TK-Kräutern würzen. 40 g kleine Suppennudeln dazugeben, alles zugedeckt 10 Min. kochen lassen.

Brokkoli-Kokos-Suppe

no carb

Pro Portion: ca. 110 kcal, 6 g EW, 6 g F, 7 g KH
1 Zwiebel fein würfeln. Mit 300 g TK-Brokkoli in 1 EL Rapsöl ca. 3 Min. andünsten. 2 TL gelbe Currypaste einrühren, mit 400 ml Gemüsefond (Glas) und 200 ml ungesüßter Kokosmilch (Dose) aufgießen. Zugedeckt bei kleiner Hitze ca. 10 Min. kochen lassen, dann glatt pürieren. Mit Salz würzen. Dazu: Pro Person 1 Scheibe Vollkornbrot (ca. 50 g).

Tomatensuppe

Pro Portion: ca. 120 kcal, 4 g EW, 6 g F, 10 g KH
1 Zwiebel fein würfeln. Mit 50 g TK-Suppengrün in 1 EL Olivenöl 2–3 Min. andünsten. 300 g stückige Tomaten (Dose) und 200 ml Gemüsebrühe dazugeben, salzen, pfeffern. Zugedeckt bei kleiner Hitze ca. 10 Min. kochen lassen, dann pürieren. 80 g Kichererbsen (Dose) dazugeben, kurz erhitzen. Mit 1 EL Schnittlauchröllchen bestreut servieren. Dazu: Pro Person 2 Scheibchen Vollkornbaguette (ca. 40 g).

Blumenkohl mit Cashewnusskernöl

no carb

Pro Portion: ca. 190 kcal, 6 g EW, 15 g F, 7 g KH
600 g Blumenkohl in Röschen teilen, in Salzwasser in 8–10 Min. garen, dann abtropfen lassen. 1 rote Chilischote und 2 EL Cashewnusskerne fein hacken, beides in 2 EL Rapsöl kurz braten. Blumenkohl damit beträufeln. Mit Korianderblättern bestreuen. Dazu: Pro Person 1 Scheibe Vollkornbrot (ca. 50 g).

Hähnchenpita

Pro Portion: ca. 260 kcal, 25 g EW, 8 g F, 21 g KH
2 Roggen-Vollkornbrötchen längs auf-, aber nicht durchschneiden. Schnittflächen mit je 1 TL scharfem Senf bestreichen und mit je 1–2 Salatblättern belegen. 200 g Hähnchenbrustfilet in Streifen schneiden, in 1 EL Olivenöl 2–3 Min. braten. Mit Salz, Pfeffer und rosenscharfem Paprikapulver würzen. Auf die Brötchen geben, mit 4 Kirschtomaten in Scheiben und oberen Brötchenhälften belegen.

Schnitzel mit Tomaten

no carb

Pro Portion: ca. 220 kcal, 33 g EW, 9 g F, 2 g KH
3 Tomaten halbieren. 2 Kalbsschnitzel (à ca. 150 g) salzen und pfeffern, in 1 EL Olivenöl in einer Grillpfanne ca. 3 Min. auf jeder Seite braten. Tomaten mit der Schnittfläche nach unten dazugeben, ca. 3 Min. mitgaren. Mit 1 EL frisch geriebenem Parmesan bestreuen. Dazu: Pro Person 2 Scheiben Vollkornbaguette (ca. 40 g).

Putengeschnetzeltes

no carb

Pro Portion: ca. 320 kcal, 32 g EW, 18 g F, 2 g KH
250 g Putenbrustfilet in Streifen schneiden. 200 g Paprika in Würzöl (S. 90) oder rote Röstpaprika (Glas) in mundgerechte Stücke schneiden. 3 Frühlingszwiebeln schräg in Stücke schneiden. 2 EL Olivenöl erhitzen. Das Fleisch darin ca. 5 Min. braten. Paprika und Zwiebeln dazugeben, ca. 2 Min. mitbraten, salzen und pfeffern. Dazu: Pro Person 40 g (Rohgewicht) Parboiled-Kurzzeit-Naturreis.

Himbeer-Smoothie

Pro Drink: ca. 160 kcal, 8 g EW, 2 g F, 27 g KH
250 ml Smoothie (z. B. Himbeeren und Granatapfel; Kühlregal) mit 350 ml kalter Buttermilch und 2 EL zarten Vollkorn-Haferflocken verrühren und in zwei große Gläser gießen.

Mandarinen-Carpaccio

Pro Portion: ca. 210 kcal, 8 g EW, 13 g F, 16 g KH
3 Mandarinen schälen, in Scheiben schneiden und ringförmig auf Teller verteilen. 150 g Ricotta mit 2 EL frisch gepresstem Zitronensaft und 1 EL Akazienhonig verrühren und in die Mitte geben. Mit etwas Kakaopulver bestreuen.

Apfelspeise

Pro Portion: ca. 220 kcal, 5 g EW, 7 g F, 33 g KH
250 g Joghurt mit 1 EL flüssigem Akazienhonig verrühren. 200 g Apfelmus (selbst gemacht (S. 122) oder aus dem Glas) in Dessertschalen geben. Den Joghurt daraufgeben. Mit 1 EL gehackten Pistazien bestreuen. Mit 4 Minzeblättern garnieren.

Kirsch-Dickmilch-Eis

Ergibt 10 Portionen (ca. 500 ml)
Pro Portion (50 ml): ca. 160 kcal, 5 g EW, 1 g F, 33 g KH
250 g entsteinte TK-Sauerkirschen in ca. 15 Min. antauen lassen, dann mit dem Pürierstab fein pürieren. 200 g Dickmilch mit 2 EL Ahornsirup und ½ TL gemahlener Vanille (Reformhaus) verrühren und unter die Kirschmasse rühren.

Schoko-Zimt-Milchschaum

Pro Portion: ca. 160 kcal, 7 g EW, 9 g F, 14 g KH
400 ml Milch erhitzen. Dann bei kleiner Hitze mit einem großen Schneebesen in 2–3 Min. schaumig aufschlagen, 1 TL Zimtpulver und 1 TL Rohrohrzucker unterschlagen. Milchschaum in zwei große Gläser geben. Mit 1 EL fein geriebener Bitterschokolade (mindestens 70 % Kakaoanteil) bestreuen.

Die GLYX-Vorrats- und Einkaufsliste

Zum Teil ist Kochen eine logistische Kunst. Planen entstresst. Bevor Sie einkaufen gehen, diese Liste kopieren, dann den Bedarf eintragen und ergänzen, was im GLYX-Vorrat fehlt.

Kräuter

Für die Fensterbank:

☐ Basilikum
☐ Petersilie
☐ Schnittlauch

Außerdem:

....
....
....
....

Konserven

☐ Artischockenherzen
☐ Bohnen, weiße
☐ Cornichons
☐ Fischfond
☐ Gemüsefond
☐ Hühnerfond
☐ Kapern
☐ Kapernäpfel
☐ Kichererbsen
☐ Kirschpaprika/Tomatenpaprika
☐ Kokosmilch, ungesüßt
☐ Linsen
☐ Oliven, schwarz/grün
☐ Peperoni, grün
☐ Sardellenfilets
☐ Tomaten geschält/gehackt/passiert (Dose)
☐ Tomaten, getrocknet (in Öl)
☐ Tomatenmark
☐ Thunfisch, im eigenen Saft

TK-Produkte

☐ Beeren, gemischt
☐ Blattspinat
☐ Bohnen, grün
☐ Brokkoli
☐ Brombeeren
☐ Erbsen
☐ Fischfilets (Pangasius-, Doraden-, Rotbarsch-, Kabeljau-, Zanderfilet)
☐ Garnelen, roh und geschält
☐ Gemüsemischung, asiatisch/italienisch
☐ Heidelbeeren
☐ Himbeeren
☐ Kräuter/Kräutermischung
☐ Meeresfrüchtemischung, gekocht
☐ Sauerkirschen
☐ Suppengemüse
☐ Suppengrün

Getränke

☐ Apfelsaft, ungesüßt
☐ Birnensaft, ungesüßt
☐ Espressopulver/-Instant
☐ Früchtetee
☐ Mineralwasser, still/kohlensäurehaltig
☐ Orangensaft
☐ Roibostee, Vanille
☐ Tee, grün
☐ Tomatensaft
☐ Weißwein, trocken

Milch & Milchprodukte

....
....
....
....

Eier & Käse

Für den Kühlschrank-Vorrat:

☐ Eier
☐ Parmesan oder Grana Padano

Außerdem:

....
....
....
....

Getreide & Hülsenfrüchte

☐ Amaranth/Amaranthpops
☐ Bulgur
☐ Brot-Backmischung, glutenfrei
☐ Buchweizenmehl
☐ Couscous
☐ Dinkelflocken
☐ Dinkelkleie
☐ Dinkelmehl, Type 1050
☐ Dinkel-Vollkornmehl
☐ Glasnudeln
☐ Haferflocken, kernig/fein
☐ Kichererbsen
☐ Linsen, rot
☐ Naturreis, parboiled/Basmati
☐ Pasta aus Hartweizen/Vollkorn
☐ Roggen-Vollkornmehl
☐ Sojaflakes
☐ Soja-Schrot
☐ Vollkornflocken, gemischt
☐ Vollkorn-Semmelbrösel
☐ Zartweizen, parboiled

Kerne & Nüsse

☐ Cashewnusskerne
☐ Erdnusskerne
☐ Haselnüsse
☐ Kürbiskerne

- ☐ Kokosraspel/-chips
- ☐ Leinsamen
- ☐ Mandeln, gehackt/gehobelt
- ☐ Mohn, gemahlen
- ☐ Pekannüsse
- ☐ Pinienkerne
- ☐ Pistazienkerne
- ☐ Sesamsamen
- ☐ Sonnenblumenkerne
- ☐ Walnusskerne

Gewürze & Pasten
- ☐ Ajvar, mild/scharf
- ☐ Brotgewürz-Mischung
- ☐ Cayennepfeffer
- ☐ Chiliflocken (Pulbiber)
- ☐ Chilipulver
- ☐ Chilisauce
- ☐ Currypaste, rot/gelb
- ☐ Currypulver
- ☐ Fenchelsamen
- ☐ Gemüsebrühe, Instant
- ☐ Gewürznelken, gemahlen
- ☐ Gyros-Gewürzmischung
- ☐ Hühnerbrühe, Instant
- ☐ Ingwer, gemahlen
- ☐ Kardamom, gemahlen
- ☐ Koriandersamen
- ☐ Kräuter der Provence
- ☐ Kreuzkümmel
- ☐ Lorbeerblätter
- ☐ Meerrettich, gerieben (Glas)
- ☐ Muskatnuss
- ☐ Oregano, getrocknet
- ☐ Paprikapulver
- ☐ Pesto
- ☐ Pfeffer, schwarz/weiß
- ☐ Pimentkörner
- ☐ Sambal oelek
- ☐ Schwarzkümmel
- ☐ Senf, scharf/körnig
- ☐ Sojasauce, hell/dunkel
- ☐ Stein-/Meersalz
- ☐ Steinpilze, getrocknet
- ☐ Tabasco
- ☐ Vanilleschote
- ☐ Wacholderbeeren
- ☐ Wasabipaste
- ☐ Zimtpulver
- ☐ Zimtstange

Essige & Öle
- ☐ Apfelessig
- ☐ Aceto balsamico
- ☐ Aceto balsamico bianco
- ☐ Erdnussöl
- ☐ Essig-Essenz (25 %)
- ☐ Kürbiskernöl
- ☐ Leinöl
- ☐ Olivenöl
- ☐ Rapsöl
- ☐ Rotweinessig
- ☐ Sesamöl, dunkel
- ☐ Sojaöl
- ☐ Walnussöl
- ☐ Weißweinessig
- ☐ Weizenkeimöl

Süssmittel & Trockenfrüchte
- ☐ Agavensirup
- ☐ Ahornsirup
- ☐ Akazienhonig, flüssig
- ☐ Apfeldicksaft
- ☐ Apfelringe, getrocknet
- ☐ Aprikosen, getrocknet/ Soft-Aprikosen
- ☐ Birnendicksaft
- ☐ Bitterschokolade, mind. 70 % Kakaoanteil
- ☐ Cranberrys, getrocknet
- ☐ Holunderblütensirup
- ☐ Kakaopulver
- ☐ Kirschen, getrocknet
- ☐ Pflaumen, getrocknet
- ☐ Rohrohrzucker
- ☐ Vanille-Rohrohrzucker

Brot, Brötchen & Gebäck
- ☐ Pumpernickel
- ☐ Vollkornbaguette
- ☐ Vollkornbrot
- ☐ Vollkornkekse
- ☐ Vollkorn-Roggenbrötchen

Fisch & Meeresfrüchte, frisch und geräuchert

....

....

....

....

Fleisch, Geflügel & Aufschnitt

....

....

....

....

Naturkostladen & Reformhaus
- ☐ Apfelpektin
- ☐ Backhefe, frisch/getrocknet
- ☐ Backpulver, Weinstein-
- ☐ Cranberry-Muttersaft
- ☐ Eiweißpulver
- ☐ Hefeflocken
- ☐ Johannisbrotkernmehl (Biobin)
- ☐ Mandelmus
- ☐ Natur-Sauerteig
- ☐ Räuchertofu
- ☐ Sanddorn-Vollfrucht mit Honig
- ☐ Sauerkirsch-Muttersaft
- ☐ Seidentofu
- ☐ Sojadrink, ungesüßt
- ☐ Tofu, fest
- ☐ Vanille, gemahlen

Frisches Gemüse, Pilze & Salat

Für den Vorrat im Dunkeln:
- ☐ Knoblauch
- ☐ Schalotten
- ☐ Zwiebeln braun/rot/weiß

Außerdem:

....

....

....

....

Frisches Obst

Für den Obstkorb:
- ☐ Äpfel
- ☐ Grapefruits
- ☐ Limetten
- ☐ Zitronen

Außerdem:

....

....

....

....

Rezept- und Sachregister

Damit Sie Rezepte mit bestimmten Zutaten noch schneller finden, stehen in diesem Register zusätzlich auch **beliebte Zutaten** wie Avocado, Grapefruit oder Kokosmilch über den entsprechenden Rezepten, ebenfalls alphabetisch geordnet und **fett gedruckt.**

U/V/W

Z

Impressum

DIE AUTORINNEN

Marion Grillparzer, Jahrgang 1961, ist Diplom-Ökotrophologin und ausgebildete Journalistin. Sie lebt in München und schreibt als freie Autorin seit vielen Jahren Gesundheitsbücher für GRÄFE UND UNZER (»Fatburner«, »GLYX«, »33 Magische Suppen«, »Körperwissen«). Sie entwickelte die GLYX-Diät. Wissenschaftlich fundiert beschreibt sie das GLYX-Prinzip als wirkungsvolle, praktikable Lebensphilosophie. Der Beweis: Über 1 Million verkaufte Bücher. Und der Erfolg der Menschen im Forum auf www.die-glyx-diaet.de. Seit zehn Jahren steht ihr **Martina Kittler,** ebenfalls Ökotrophologin und bekannte Kochbuchautorin, zur Seite, wenn es um die Praxis geht: das Entwickeln der wirklich allerbesten Rezepte. Cora Wetzstein, auch Kochbuchautorin, auch Ökotrophologin, ergänzt mit Ihrem Wissen und Kochlöffel das Team.

Mehr über das GLYX-Team:
www.mariongrillparzer.de

DIE FOTOGRAFEN

Das **Studio L'EVEQUE Tanja & Harry Bischof** (Styling und Fotografie) arbeitet seit Jahren intensiv für Werbung, Bücher und Zeitschriften im Foodbereich. In der Innenstadt Münchens kreiert das 4-köpfige Team Foodaufnahmen mit erfrischendem Licht und appetitanregendem, trendigem Styling. Das Studio dankt »Le Bazar de Cuisine« und Petra Fischer (Keramikwerkstatt 1260°), München, für das Ausleihen der Requisiten.

BILDNACHWEIS:

Titelfoto und alle anderen: Studio L'EVEQUE Tanja und Harry Bischof, München
Titelbildrezept: Zitronenhähnchen mit Salat (S. 114)

Projektleitung: Tanja Dusy
Lektorat: Maryna Zimdars
Korrektorat: Cora Wetzstein
Layout, Typografie und Umschlaggestaltung: independent Medien-Design, Horst Moser, München
Satz: Christopher Hammond
Herstellung: Markus Plötz
Reproduktion: Longo AG, Bozen
Druck und Bindung: Druckhaus Kaufmann, Lahr

ISBN 978-3-8338-2007-6

6. Auflage 2014

www.jalag-syndication.de

Umwelthinweis
Dieses Buch ist auf PEFC-zertifiziertem Papier aus nachhaltiger Waldwirtschaft gedruckt.

www.facebook.com/gu.verlag

GRÄFE UND UNZER

Ein Unternehmen der
GANSKE VERLAGSGRUPPE

QUALITÄTS G|U GARANTIE

DIE GU-QUALITÄTS-GARANTIE

Liebe Leserin, lieber Leser,
wir möchten Ihnen mit den Informationen und Anregungen in diesem Buch das Leben erleichtern und Sie inspirieren, Neues auszuprobieren. Alle Informationen werden von unseren Autoren gewissenhaft erstellt und von unseren Redakteuren sorgfältig ausgewählt und mehrfach geprüft. Deshalb bieten wir Ihnen eine 100%ige Qualitätsgarantie. Sollten wir mit diesem Buch Ihre Erwartungen nicht erfüllen, lassen Sie es uns bitte wissen. Sie erhalten von uns kostenlos einen Ratgeber zum gleichen oder ähnlichen Thema.
Wir freuen uns auf Ihre Rückmeldung, auf Lob, Kritik und Anregungen, damit wir für Sie immer besser werden können.

GRÄFE UND UNZER Verlag
Leserservice
Postfach 86 03 13
81630 München
E-Mail:
leserservice@graefe-und-unzer.de

Telefon: 00800 / 72 37 33 33*
Telefax: 00800 / 50 12 05 44*
Mo–Do: 8.00–18.00 Uhr
Fr: 8.00–16.00 Uhr
(gebührenfrei in D, A, CH)*

Ihr GRÄFE UND UNZER Verlag
Der erste Ratgeberverlag – seit 1722.